Le Droit de savoir

Edwy Plenel

Le Droit de savoir

Don Quichotte éditions

www.donquichotte-editions.com

ISBN : 978-2-35949-096-1

À tous les artisans de la liberté
qui, par amour d'un métier
ou par défense d'un principe,
font et ont fait Mediapart,
le soutiennent et l'accompagnent.

« Dire la vérité,
toute la vérité,
rien que la vérité,
dire bêtement la vérité bête,
ennuyeusement la vérité ennuyeuse,
tristement la vérité triste. »

Charles Péguy, *Lettre du provincial,* 1900

Le peuple souverain

Ce livre s'adresse à tous ceux que le journalisme intrigue et que la démocratie concerne. C'est celui d'un citoyen qui fait profession de journaliste. Et d'un journaliste qui fait ce métier en citoyen. Son propos est d'expliquer, le plus clairement possible, les enjeux politiques d'une pratique professionnelle.

À quoi sert le journalisme ? Quelle est sa raison d'être ? D'où vient sa légitimité ? Quelle est sa mission démocratique ? Où se situe sa responsabilité sociale ? Pourquoi ses informations peuvent-elles déranger ? En quoi sa crise actuelle concerne-t-elle tous les citoyens ? Mais aussi pourquoi le journalisme d'investigation fait-il l'objet de tant de polémiques ? Quels débats recouvrent les mots de transparence ou de vérité employés à son propos ? Jusqu'où ses curiosités sont-elles légitimes ? Quels secrets doit-il respecter ? Et que veut dire être indépendant pour un journaliste ? Etc.

Autant de questions auxquelles j'ai tenté de répondre dans cette modeste contribution au débat sur le journalisme, la presse et la démocratie à l'époque de la révolution numérique. Autant de réponses qui, loin d'être définitives, appelleront d'autres questions tant la discussion mérite d'être approfondie et élargie. Mais j'aurai atteint mon but si, en refermant ce livre, vous vous dites que la liberté de la presse, quel que soit son support, imprimé ou numérique, loin d'être un privilège des journalistes est un droit des citoyens.

Votre droit. À toutes et tous, qui que vous soyez, quels que soient votre travail, votre condition, votre origine, votre situation, votre profession, votre génération. Oui, toutes et tous, sans aucun privilège de naissance, de fortune ou de diplôme. Vous, le peuple souverain.

Paris, le 31 janvier 2013

1.

Journalisme

Lecteur, merci d'être venu à la rencontre d'un ferment de désordre et de discorde : un journaliste.

Du moins est-ce ainsi qu'en France les pouvoirs établis, autorités instituées, situations acquises et notabilités installées jugent d'ordinaire notre engeance, les journalistes d'enquête – ou d'investigation, comme l'on voudra –, ceux qui cherchent et qui révèlent. Font chorus tous ceux qui, par conformisme ou par aveuglement, les suivent sans broncher, entre troupeaux moutonniers et meutes revanchardes. Et c'est à chaque fois la même danse infernale : pour mieux taire, étouffer ou oublier les informations dérangeantes, le journaliste qui les porte au grand jour est désigné à la vindicte, traité en ennemi, accablé de maux imaginaires et affublé de mots incongrus.

J'ai beau en avoir l'habitude à force d'en avoir fait les frais, je ne m'y habitue toujours pas : pourquoi cet acteur indispensable au jeu démocratique est-il d'emblée décrié quand il assume vraiment son rôle ? Car à quoi est supposé servir un journaliste, selon les canons d'une tradition qui unit règles professionnelles et principes politiques ? Tout simplement à apporter aux gens les informations dont ils ont besoin pour être libres et autonomes. Libres dans leurs opinions, autonomes dans leurs décisions. Leur donner en somme les moyens de réfléchir et de choisir par eux-mêmes, sans être soumis à des puissances qui leur échapperaient ou à des pouvoirs qu'ils ne pourraient pas contrôler.

Un journaliste fait donc son travail quand il apprend au public ce qui lui échappe, ce qu'on ne voudrait pas qu'il sache, ce qu'on lui dissimule ou qu'on lui cache, ce qui lui est méconnu ou inconnu, bref tout ce qui ne ressort pas de la communication, d'où qu'elle vienne. Et, d'autant plus, quand elle provient des pouvoirs et des puissants qui, mieux que d'autres, ont les moyens d'imposer leur vision du présent, tout comme le récit du passé est, le plus souvent, écrit par les vainqueurs et les dominants. C'est alors que la responsabilité sociale du journaliste prend tout son sens, dans sa capacité à sortir des agendas imposés et à dévoiler des réalités inédites.

Or, bizarrement, dans le débat public français, c'est à ce moment précis que le journaliste se fait mal voir. Le voilà brocardé alors même qu'il s'accomplit en jouant son rôle d'apporteur de nouvelles inédites, nouvelles dérangeantes ou mauvaises, indociles et imprévues, incroyables ou impensables, nouvelles qui bousculent les certitudes, ébranlent les opinions, déstabilisent les réputations. Calomnié à cet instant où, sortant de sa routine et prenant des risques, il accomplit la promesse professionnelle qui lui fut enseignée d'être d'abord loyal envers les citoyens en leur dévoilant les vérités les plus utiles, celles qui font réfléchir, celles qui mettent en branle et en mouvement, celles qui découvrent l'impossible et ouvrent le possible. Bref, celles qui nous font sortir des chemins balisés.

Il est vrai que « les braves gens n'aiment pas que l'on suive une autre route qu'eux », chantait déjà Georges Brassens, et peut-être faudrait-il que le journalisme d'enquête fasse de « La mauvaise réputation », cette chanson de 1952, son hymne secret. La posture n'a cependant rien d'enviable. Avantageuse en apparence, elle n'en est pas moins dangereuse et désastreuse. Dangereuse pour les journalistes concernés qui risquent de se vivre en poètes maudits de leur profession, intériorisant en marginalisation l'exclusion qui les frappe. Désastreuse pour notre vie publique qui, se barricadant dans les certitudes d'une réalité immuable et intangible, refuse dès lors d'accueillir les nouvelles qui la révèlent mouvante et incertaine, minée par des dangers dissimulés ou riche de potentialités méconnues.

Une démocratie qui se satisfait de cette situation, préférant le silence au bruit, le sommeil au dérangement, l'immobilité au désordre, sera imprévoyante et inconsciente. Refusant de penser contre elle-même, en regardant de face ce qui la contredit ou la réfute, elle ne saura se renforcer et s'élever, en apprenant de ses impasses, erreurs ou échecs. Sourde aux vérités inédites, où s'expriment l'imprévu et l'improbable, elle sera incapable d'inventer l'avenir en dehors des sentiers battus de la fatalité et du déterminisme. Et elle continuera de frayer cette impasse, pavée d'impuissance et de renoncement, au bout de laquelle se dresse le mur de la résignation.

Telle est l'énigme qu'il nous faut ici résoudre : d'où vient cette paresse démocratique particulièrement française qui s'accommode de désigner à la vindicte le journaliste aux informations dérangeantes plutôt que de s'empresser de prendre celles-ci en compte et au sérieux ? Comment pouvons-nous accepter qu'un journaliste ayant révélé au grand jour de graves faits d'intérêt général, jusqu'alors inconnus du public, soit obligé d'assumer un bras de fer solitaire avec les intérêts qu'il affronte, sans que la démocratie, ses élus et ses juges, ceux qui font la loi et ceux qui veillent à son respect, ne s'en empare spontanément ? Pourquoi sommes-nous si tolérants, si habitués et si complaisants envers cette insigne faiblesse de notre culture démocratique, à tel point que, face aux révélations les plus stupéfiantes et les moins attendues, nos joutes médiatiques font régulièrement penser à ce proverbe supposé chinois : « Quand le sage montre la lune, l'imbécile regarde le doigt » ?

C'est ainsi que Mediapart a été qualifié, au gré de ses informations, d'officine aux méthodes fascistes, coupable d'infamie et repère de calomniateurs – pour s'en tenir aux formules officielles, exprimées par des responsables politiques, sans prendre en compte leurs déclinaisons abâtardies, encore plus dépréciatives. Pourtant, loin de s'aventurer sur des chemins inexplorés sans boussole ni expérience, ce symbole d'une nouvelle presse numérique se revendique d'une ancienne tradition qu'il entend défendre, refonder et renforcer, en épousant sans préjugés la modernité que symbolise Internet. Journal normal, animé par des journalistes normaux, Mediapart pense illustrer normalement le journalisme. Il faut croire que c'est cette normalité qui dérange.

Durant les cinq années d'existence de ce journal numérique indépendant et participatif, fondé en 2008, les mots les plus virulents furent employés sous la droite au pouvoir, Nicolas Sarkozy étant alors président de la République et devant affronter nos révélations successives sur les affaires Karachi, Tapie, Takieddine, Bettencourt ou Kadhafi. Des responsables politiques qui, sans doute, se croient sincèrement démocrates firent alors l'anti-pédagogie de la démocratie. Ignorant superbement que la liberté de l'information, faisant partie des droits fondamentaux, suppose le droit de savoir des citoyens, le pluralisme des médias et l'indépendance des journalistes, ils transformaient un journal et ceux qui le font en ennemi public, machine infernale, entreprise complotiste ou que sais-je encore.

« Endroit où se prépare quelque chose secrètement », disent les dictionnaires d'une « officine », laquelle, en l'espèce, serait à visée dictatoriale et totalitaire puisque convertie aux « méthodes fascistes ». Quant à l'« infamie », elle était supposée qualifier, dans la bouche de Nicolas Sarkozy, notre « action déshonorante, honteuse », alors que nous révélions les relations affairistes et financières de son proche entourage avec la dictature libyenne du défunt colonel Kadhafi, compromissions et corruptions menées en secret du peuple français. Officine, fasciste, infamie... « C'est celui qui dit qui y est », ont coutume de dire les enfants dans leurs jeux, plus sincères que les simagrées adultes. Façon de rappeler que l'injure insulte d'abord son auteur.

S'il en était besoin, cette attitude était une raison supplémentaire de souhaiter qu'une page soit tournée, celle d'une hyperprésidence qui hystérisait la politique et extrémisait la droite. Sans naïveté ni illusion, en prenant date. « La politique ne supporte pas le mensonge » : Mediapart se fit ainsi un plaisir de rappeler ce propos de François Hollande en 2006, dans un livre d'entretiens qu'il avait souhaité intituler *Devoirs de vérité*[1]. Revenant sur sa première fonction publique véritable, qui fut d'être en 1982 directeur de cabinet d'un éphémère porte-parole du gouvernement, le futur président de la République confiait alors avoir retenu « de cette brève expérience qu'à l'origine de toute affaire, au-delà de son contenu même, il y a d'abord un mensonge. La vérité est toujours une économie de temps comme de moyens. La vérité est une méthode simple. Elle n'est pas une gêne, un frein, une contrainte; elle est précisément ce qui permet de sortir de la nasse. Même si, parfois, dans notre système médiatique, le vrai est invraisemblable. »

De ce vrai invraisemblable, Mediapart n'a cessé de faire l'expérience, tant nos informations dérangeantes ont toujours mis du temps à briser le mur de l'indifférence et du conformisme

1. Toutes les références des ouvrages évoqués ou cités sont regroupées en fin d'ouvrage, p. 169.

médiatiques. Et ce fut évidemment toujours le cas après l'alternance de 2012, qui vit un président puis une majorité socialistes succéder à une droite ayant occupé le sommet de l'État sans discontinuité durant dix-sept ans. Il ne fallut pas attendre longtemps pour avoir confirmation que, décidément, la France était une démocratie de basse intensité. L'ayant mis en évidence sous Nicolas Sarkozy, Mediapart l'a rapidement vécu sous la gauche gouvernante. Jusqu'à ce que leur donne enfin crédit l'ouverture d'une enquête judiciaire, exceptionnellement sollicitée par nous-mêmes dans une lettre ouverte au procureur de la République, nos informations sur le compte suisse occulte du ministre du Budget firent l'objet de sarcasmes, moqueries et dénigrements qui, plutôt que de prendre en compte les faits révélés, faisaient crédit à la seule dénégation du responsable politique concerné.

La mise à l'épreuve de notre culture démocratique, autour du respect de la loi fiscale – la première des lois communes, garante de l'intérêt général et de la solidarité citoyenne –, se transformait en affrontement d'un journal et d'un homme. Les principes qui l'inspirent et les valeurs qui l'animent semblaient soudain à géométrie variable pour nombre de nos politiques, selon qu'ils sont dans l'opposition ou dans la majorité. Pourtant, en révélant la première affaire de la présidence de François Hollande, Mediapart avait procédé de la même façon, avec les mêmes règles, les mêmes exigences, les mêmes précautions, que lors de ses révélations successives sous la présidence de Nicolas Sarkozy.

À l'époque, la gauche n'avait pas de mots assez durs pour critiquer la droite qui dénigrait nos enquêtes, balayait nos preuves et salissait notre réputation. Tout à coup, nous découvrions que cette solidarité n'était que d'opportunité. Que, pour certains à gauche, et pas seulement au Parti socialiste, elle ne reposait que sur la conviction d'avoir un adversaire commun. Et qu'une fois au pouvoir, face à une presse restée indépendante, ils n'hésitaient pas à retourner leur indignation contre le journalisme et sa liberté. Car certains des mêmes qui, hier, nous trouvaient courageux nous jugeaient désormais irresponsables. Sans doute n'avaient-ils pas suffisamment compris que notre critique du sarkozysme ne relevait pas d'un préjugé partisan mais des réalités dévoilées par notre travail d'enquête, de reportage et d'analyse, fondé à la fois sur des valeurs démocratiques et des principes professionnels.

Que ce malentendu ait été rapidement dissipé était, pour Mediapart, une bonne chose : qui aurait douté, un instant, de notre indépendance savait désormais qu'elle est entière et intacte, sous la gauche aujourd'hui comme sous la droite hier. Reste que cette heureuse nouvelle pour notre journal et ses lecteurs n'en était pas une pour notre pays et sa vie publique. Le déroulement de l'affaire Cahuzac, comme celui de bien d'autres affaires mettant en cause nos oligarchies politiques ou économiques, témoignait d'une démocratie mal en point, sans ressort ni vitalité, sans ambition ni hauteur.

De la droite à la gauche, et inversement, les mésaventures du journalisme d'enquête en France soulignent, de façon récurrente, notre lancinant retard démocratique où pèse lourdement notre présidentialisme déséquilibré, cette réduction de la pluralité politique au choix et à la volonté d'un seul, ce césarisme républicain qui prolonge sourdement l'absolutisme monarchique. C'est lors des alternances, d'autant plus si on les a souhaitées comme citoyen, que le journalisme en fait l'expérience parfois douloureuse, sommé dès lors de se ranger et de s'aligner, de choisir son camp ou de rentrer dans le rang. Ne faisant pas mystère de mes convictions de gauche, n'ai-je pas dû subir cette mauvaise, et mensongère, réputation que m'ont value mes révélations durant les quatorze années de la présidence de François Mitterrand ?

Scélérat, espion de la CIA, infiltré trotskyste : autant de légendes plus ou moins insultantes diffusées alors par son entourage qui font écho aux qualificatifs utilisés, quinze ans plus tard, sous Nicolas Sarkozy à l'endroit de Mediapart – infamie, officine, méthodes fascistes… À croire que tout journaliste qui s'efforce d'être digne de ce nom serait, en fin de compte, un mauvais Français qui s'ignore. Prenez celui-ci, d'un autre temps, l'entre-deux-guerres, qui, cependant, évoque le nôtre – de transition, de doute et d'incertitude, d'inquiétude surtout. Une vedette reconnue, aucunement un dissident. Sinon un conservateur, du moins un modéré. Pas du tout révolutionnaire, même pas radical. Soucieux de sa bonne réputation, peu porté sur la polémique, d'abord préoccupé des hauts tirages et des fortes audiences garantis par son nom et son talent. Et pourtant… Car cet Albert Londres se voulait d'abord journaliste.

Parti en reportage, ce Français dans l'âme, convaincu des bienfaits civilisateurs de la Grande Nation, persuadé que la France élevait à elle seule la beauté du monde, prétendit découvrir l'ordinaire d'un mensonge. Non plus les idéaux de « Liberté, Égalité, Fraternité », mais leur trahison. Non pas la République des droits de l'homme, mais son démenti. Et du coup, au prétexte de bien faire son travail, il raconta ces fariboles, au risque de nuire au drapeau.

Précieuse pièce à conviction, l'ouvrage qui atteste de son entreprise anti-française commence par ces lignes : « Voici un livre qui est une mauvaise action. Je n'ai plus le droit de l'ignorer. On me l'a dit. Même, on me l'a redit. »

Cet aveu bravache ne témoignait-il pas d'un entêtement coupable dans le dénigrement antinational ? La suite le confirme, qui dévoile un fauteur de troubles et fomenteur de désordres : « On m'a également appris différentes autres choses : que j'étais un métis, un juif, un menteur, un saltimbanque, un bonhomme pas plus haut qu'une pomme, une canaille, un contempteur de l'œuvre française, un grippe-sou, un ramasseur de mégots, un petit persifleur, un voyou, un douteux agent d'affaires, un dingo, un ingrat, un vil feuilletoniste. Et quant au seul homme qui m'ait appelé maître, il désirait m'annoncer que j'étais plutôt chanteur qu'écrivain. »

Ces mots sont les premiers de *Terre d'ébène*, le grand reportage d'Albert Londres sur l'Afrique occidentale française, paru en 1929. Un livre en forme de réquisitoire sur la servitude coloniale, le travail forcé, le déni de la justice, l'inégalité instituée, etc. « Tout ce qui porte un flambeau dans les journaux coloniaux est venu me chauffer les pieds », ajoutait Londres. Or, c'est dans le même avant-propos de ce livre qu'on trouve la formule communément citée par les journalistes français pour défendre leur indépendance professionnelle et leur liberté critique – la plume dans la plaie. Rappel qui mérite citation intégrale : « Je demeure convaincu qu'un journaliste n'est pas un enfant de chœur et que son rôle ne consiste pas à précéder les processions, la main plongée dans une corbeille de pétales de roses. Notre métier n'est pas de faire plaisir, non plus de faire du tort, il est de porter la plume dans la plaie. »

Entêté, Londres y revient dans l'épilogue, élargissant le propos au-delà du journalisme professionnel pour viser à la responsabilité civique : « Flatter son pays n'est pas le servir, et quand ce pays s'appelle la France, ce genre d'encens n'est pas un hommage, mais une injure. La France, grande personne, a droit à la vérité. » Vu par Londres – et de Londres, serait-on tenté d'ajouter en pensant à cette France dissidente qui, en 1940, sauva la République contre les conformismes alors majoritaires de l'abaissement national –, critiquer la France, c'était l'aimer. La vouloir, la revendiquer, l'exiger. Et ne pas supporter qu'on la critique, c'était, à l'inverse, la déserter.

Sous le journalisme gît donc la question démocratique. Celle de son intensité, de sa vitalité, de sa complexité. Celle de la démocratie comme un écosystème, c'est-à-dire d'une vie publique aux composantes pluralistes, aux interactions multiples, aux tensions dynamiques. Celle d'une culture de la contradiction qui accepte le conflit, tolère son désordre et accueille ces ferments créateurs que sont ces informations qui dérangent et étonnent, bousculent et surprennent.

Voilà pourquoi nous avons besoin de journalistes vivant leur profession comme un engagement. De journalistes qui, non seulement fassent sérieusement leur travail en étant rigoureux, précis et complets, sachant vérifier, recouper, sourcer, contextualiser, respectant toutes les règles de leur artisanat professionnel, mais aussi, sinon surtout, de journalistes conscients de la responsabilité démocratique qui les requiert. D'un journalisme, en somme, qui marche sur deux jambes, celle du métier dont il vit et celle de la démocratie qui le légitime.

2.

Démocratie

Qu'est-ce que la démocratie ? C'est le régime de n'importe qui. Sans privilège de naissance, de fortune ou de diplôme, j'ai le droit de m'en mêler. Sans avantage d'origine, de milieu, d'appartenance, j'ai le droit de participer. De m'exprimer, de protester, de manifester, de voter, d'être candidat, d'être élu et, même, de gouverner.

Tels sont à la fois la promesse et le scandale démocratiques. Ceux de l'égalité des droits, ceux du peuple souverain, ceux de la liberté des citoyens.

Promesse à la manière d'un horizon, toujours recherché et se dérobant en même temps, embrassé par le regard et cependant hors d'atteinte. Un idéal qui appelle le mouvement, l'implication et la mobilisation, tout comme la ligne d'horizon, lors d'une randonnée, nous met en branle, poussant les marcheurs à atteindre le sommet, à arpenter la crête, à chercher le point de vue. Autrement dit, la démocratie comme promesse en construction permanente parce que forcément inachevée.

Scandale parce que cet idéal démocratique, quels que soient les époques et les contextes, aura toujours devant lui, sans cesse renaissantes et reconstruites, de nouvelles oligarchies. Je suis bien né, j'ai les réseaux ; je suis fortuné, j'ai les moyens ; je suis diplômé, j'ai le savoir. Pour toutes ces raisons, je serai mieux à même de décider, de diriger, de gouverner que le n'importe qui démocratique, a priori démuni de toutes ces qualités. Dès lors, la politique est forcément conduite d'en haut, inspirée et éclairée par ceux qui s'en croient les ayants droit, propriétaires ou dépositaires, et non pas animée et imaginée d'en bas par le souverain peuple supposé la légitimer.

Mettant à bas l'ordre immuable des places et des conditions, l'abolition des privilèges est une provocation sans fin face à la tentation immuable de déduire les places des conditions. Aussi ces oligarchies peuvent-elles être aussi bien sincères qu'intéressées. Aveugles sur l'avantage qu'elles s'accordent ou cyniques dans leur soif d'appropriation. Dévouées à l'intérêt général, même si elles s'en attribuent le bénéfice, ou soucieuses de leurs intérêts privés, à l'abri des responsabilités qu'elles occupent. Compétentes ou corrompues, conservatrices ou réformatrices, audacieuses ou misérables, elles partagent cette conviction de savoir mieux que le peuple ce qui est bon pour lui.

Dès lors, la démocratie est un défi permanent. Comment faire vivre le n'importe qui de sa promesse ? Comment éviter qu'il ne soit toujours supplanté par les élites du pouvoir, de l'avoir et du savoir ? Comment lui permettre d'assumer son rôle, faire en sorte qu'il puisse agir sans aveuglement, choisir avec lucidité, voter et gouverner en connaissance de cause ? Pour discerner, me prononcer, m'orienter, trancher, décider, assumer ma responsabilité démocratique, il faut non seulement que je sache ce qui a été fait, ou non, en mon nom, mais aussi que j'aie les moyens d'une intelligibilité du présent, lequel est lui-même encombré de passé.

Bref, il faut que je sois informé.

La question de l'information, avant de devenir un enjeu professionnel ou une affaire économique, est au cœur de la vitalité démocratique elle-même. Ce n'est pas une question annexe ou seconde, mais la condition essentielle et première de sa promesse, ce gouvernement de n'importe qui. Le droit de savoir en est la garantie : sans connaissance égale des faits d'intérêt public, pas de cité commune ; sans accès partagé aux informations qui la conditionnent, pas de démocratie vivante. Proclamer ce droit, c'est ainsi refuser la confiscation de la politique par ceux qui prétendent savoir quand d'autres ne pourraient jamais savoir.

Une cité est faite de citoyens, et un citoyen est celui qui est « capable de gouverner et d'être gouverné », l'un aussi bien que l'autre, l'un comme l'autre. La formule est du philosophe Aristote, témoin et théoricien du laboratoire athénien où, dans l'Antiquité méditerranéenne, prit forme l'idéal démocratique. À tel point que le tirage au sort y était la règle pour les gouvernants de la cité, tandis qu'en revanche les responsables d'administrations particulières – l'argent et la guerre notamment : gérer les finances, commander les armées – étaient élus sur examen de leurs compétences.

Commentant cette théorisation du n'importe qui démocratique, un philosophe contemporain, Cornelius Castoriadis, en a souligné l'enjeu : pour que cette promesse soit, sinon accomplie, du moins approchée au plus près, il faut créer les conditions de l'autonomie des individus qui, collectivement, composent la cité. Et, à cette fin, instaurer « un processus politique éducatif visant à rendre aussi proche que possible de la réalité le postulat de l'égalité politique » – ce que les Grecs anciens nommaient la *paideia*.

Dans nos sociétés modernes, de temps accéléré et d'espace rapproché, l'information fait partie de cette pédagogie politique indispensable : sa qualité, son intégrité et sa pluralité, son sérieux et sa profondeur, le fait qu'on y ait accès librement, sans entraves ni censures, ainsi que l'indépendance de ses producteurs, sans servitudes idéologiques ou économiques. Le droit de savoir des citoyens est à la source de la légitimité des journalistes : la responsabilité qui leur incombe est de créer les conditions de cette autonomie politique des individus sans laquelle le collectif démocratique n'est qu'une imposture ou une mascarade.

Nous commençons ainsi à entrevoir que tout est lié : l'intolérance envers l'indocilité de l'information et l'indifférence à la vitalité de la démocratie. L'égalité devant l'information, sa liberté de circulation et le respect de son indépendance prennent racine dans les présupposés radicaux de l'imaginaire démocratique : l'abolition des privilèges, le refus des oligarques, le pouvoir de n'importe qui. Car la démocratie, comme idéal et, donc, comme possible, est bien la perspective d'un gouvernement « fondé sur rien d'autre que l'absence de tout titre à gouverner ».

Ce résumé est d'un autre philosophe, Jacques Rancière, lequel rappelle combien le tirage au sort de la démocratie athénienne nous est devenu impensable parce que nous sommes habitués à ce « que le premier titre sélectionnant ceux qui sont dignes d'occuper le pouvoir soit le fait de désirer l'exercer». Alors que, pour les Grecs anciens, «le bon gouvernement, c'est le gouvernement de ceux qui ne désirent pas gouverner». D'où le tirage au sort, «remède à un mal à la fois bien plus grave et bien plus probable que le gouvernement des incompétents : le gouvernement d'une certaine compétence, celle des hommes habiles à prendre le pouvoir par la brigue».

Intitulé *La Haine de la démocratie*, l'essai de Jacques Rancière est un cri d'alarme face à l'offensive conquérante des nouveaux oligarques, contre cet idéal politique d'un pouvoir des meilleurs légitimé par le pouvoir des égaux. «Le gouvernement de n'importe qui, écrit-il, est voué à la haine interminable de tous ceux qui ont à présenter des titres au gouvernement des hommes : naissance, richesse ou science. Il l'est aujourd'hui plus que jamais parce que le pouvoir social de la richesse ne tolère plus d'entraves à son accroissement illimité et parce que ses ressorts sont chaque jour plus étroitement articulés aux ressorts de l'action étatique.»

Nouvelle classe portée par les désordres sans frontières d'un monde aussi dérégulé que globalisé, prospérant au carrefour de la finance spéculative et de la puissance étatique, cette oligarchie voudrait réussir à congédier aussi bien le peuple que la politique : gouverner en secret du premier et dans l'exclusion de la seconde, remplacée par l'intérêt, l'avidité, la possession et l'accumulation de richesses. Plus de bien commun, que des affaires privées, gérées à l'abri de la curiosité publique, sans lumière donc sans débat, sans publicité donc sans conflit.

Mais pour que le tour soit joué, les oligarques ont besoin d'un alibi, et ce sera la démocratie elle-même ! Non pas ses idéaux, mais ses dangers. Leur vulgate désignera alors à notre vindicte l'excès de la démocratie plutôt que ses insuffisances : ses passions inévitablement populaires, ses dérives forcément populistes, son égalitarisme nécessairement niveleur, sa transparence terriblement totalitaire, ses internautes gravement irresponsables, sans compter ses journalistes dangereux parce que trop curieux.

Sous l'apparence démocratique du jeu politique, ils n'auront de cesse de diaboliser la société démocratique et son peuple immature, ses impatiences et ses aspirations, son dynamisme et ses revendications où survit l'idéal d'égalité de tous. Dans l'esprit oligarchique, il n'y a en somme, conclut Jacques Rancière, « qu'une seule bonne démocratie, celle qui réprime la catastrophe de la civilisation démocratique », et « le bon gouvernement démocratique est celui qui est capable de maîtriser un mal qui s'appelle tout simplement vie démocratique ».

Loin d'être confidentielle, cette conviction est assumée au grand jour. L'aveu en fut fait très tôt par l'un des porte-voix de ces nouvelles oligarchies qui fait aussi profession d'entremetteur au sein de leur capitalisme de connivence : Alain Minc. Au début des années quatre-vingt-dix, alors que le bloc soviétique venait à peine de s'effondrer, événement qui aurait pu signifier un renouveau de la démocratie, on le vit dresser un réquisitoire empressé contre *L'Ivresse démocratique*. S'alarmant d'une « menace » évidemment qualifiée de « populiste », cet essai de 1994 se termine par une adresse à un futur président de la République française lui enjoignant de conjurer l'excès de démocratie dont témoignerait notamment le trop grand pouvoir des journalistes et des magistrats, ces empêcheurs de s'affairer et de s'arranger dans l'entre-soi oligarchique.

« Le peuple souverain s'est effacé au profit de son double, l'opinion souveraine, écrit Minc. Le plus classique des contre-pouvoirs, le média, est devenu un quatrième pouvoir et parfois joue même au premier. Le droit s'est affirmé en surplomb de la société, et le juge, son bras séculier, s'est allié à l'opinion et aux médias. » Et l'auteur, face à ces redoutables périls, d'inviter son Bonaparte imaginaire à réaliser rien de moins qu'un coup d'État à froid, ce qu'il nomme par euphémisme « un nouveau 1958 silencieux », allusion au coup d'État militaire qui, durant la guerre d'Algérie, mit fin à la IVe République en imposant le retour au pouvoir du général de Gaulle.

Telle serait donc l'urgence pour le porte-parole de nos oligarques : juguler la presse et la justice, normaliser et affaiblir ces instruments d'une démocratie autrement riche, vivante et diverse que ne l'est sa réduction au choix d'un seul, tous les sept ans hier, tous les cinq aujourd'hui. « L'histoire, n'hésitait pas à écrire Alain Minc à ce Prince rêvé, vous a placé où vous êtes avec un devoir principal : dominer l'ivresse démocratique qui nous guette et qui, insidieusement, commence à s'emparer de nos esprits. Aidez-nous à nous défendre de nous-mêmes. » Aidez-nous, en somme, à renoncer et à subir.

On l'aura compris : gouvernement de n'importe qui, la démocratie, telle que l'entend sa promesse originelle, est encore diablement scandaleuse. Et, dans la bataille quotidienne pour la faire vivre, agir et prospérer, le journalisme est inévitablement en première ligne s'il n'oublie pas que sa première loyauté est envers les citoyens. L'information est l'arme de l'égalité. Celle de l'accès de tous aux connaissances sur notre présent immédiat et aux savoirs sur le passé dont il est tissé. Celle de la collective discussion et de la libre réflexion sur tous les faits d'intérêt public.

D'ailleurs, les moments d'invention populaire où la démocratie se fonde ou se renouvelle ont toujours été caractérisés par une libération des nouvelles, de leur production et de leur diffusion, de leur profusion et de leur circulation. Délaissant une lecture étroitement politique de la Révolution française, ses historiens ont récemment montré qu'elle fut le moment d'émergence d'une « culture du journal » où la presse naissante épousait, accélérait et façonnait à la fois l'émergence d'un espace public d'interpellation et de délibération, de transmission et de révélation.

Le basculement révolutionnaire de l'été 1789, symbolisé par l'événement de la prise de la Bastille, fut suivi d'une véritable « révolution des médias », selon l'historien Jeremy Popkin, marquée par la profusion des titres, journaux, pamphlets, feuilles, nouvelles à la main, etc., créés en quelques mois, voire quelques semaines. Pour les premiers révolutionnaires français, écrit-il, « une nouvelle presse est la condition préalable à une nouvelle société. Comme les visionnaires de l'internet de nos jours, [ils] voient dans le périodique le moyen de constituer une nouvelle communauté, unifiée malgré sa dispersion dans l'espace. Par les journaux, les débats politiques peuvent être coordonnés et organisés. Tout le monde peut suivre les événements en même temps. En plus, le journal permet une communication réciproque entre les représentants du peuple et leurs mandants. »

Dès lors, nul hasard si, durant la longue éclipse démocratique de près d'un siècle qui suivit la chute de l'éphémère Ire République, celle de l'An I (1793), cédant la place à l'interminable marche consulaire du césarisme français, la question de la liberté de la presse fut un enjeu essentiel. Non pas une illustration parmi d'autres des libertés piétinées, mais la liberté par excellence. Tout simplement parce que, à travers elle, se jouait la question du n'importe qui : du droit d'accès de tous à l'espérance démocratique. C'est ainsi que, sous l'également éphémère IIe République (1848-1851), on vit un orateur, et non des moindres, défendre la liberté de la presse avec des arguments qui, aujourd'hui encore, surprendraient bien des élus.

Alors député à l'Assemblée, Victor Hugo y intervient par deux fois sur le sujet, en 1848, puis en 1850. Il affronte des républicains conservateurs qui redoutent le peuple souverain, sa libre expression, son libre arbitre, sa libre communication, ses libres protestations. Et qui, du coup, craignent une liberté de la presse dont ce peuple pourrait user et abuser face aux nouvelles oligarchies régnantes. Or, face à ces politiques qui, tenant leur légitimité du suffrage, pensent que le droit de vote est au-dessus de tout, que dit Victor Hugo ? Qu'il n'en est rien, que le suffrage universel est indissociable de la liberté de la presse, qu'ils sont à égalité tout en étant d'ordre différent, que la démocratie repose sur cette double légitimité, deux libertés inséparables l'une de l'autre.

« Le principe de la liberté de la presse n'est pas moins essentiel, n'est pas moins sacré que le principe du suffrage universel, dit le poète dans son premier discours. Ce sont les deux côtés du même fait. Ces deux principes s'appellent et se complètent réciproquement. La liberté de la presse à côté du suffrage universel, c'est la pensée de tous éclairant le gouvernement de tous. Attenter à l'une, c'est attenter à l'autre. » Et de renchérir dans le second discours : « La souveraineté du peuple, c'est la nation à l'état abstrait, c'est l'âme du pays ; elle se manifeste sous deux formes : d'une main, elle écrit, c'est la liberté de la presse ; de l'autre, elle vote, c'est le suffrage universel. »

Ces citations sont, au choix, un sauf-conduit ou un talisman pour tout journaliste qui, de nos jours, se heurterait à la morgue d'élus locaux ou nationaux refusant de répondre à ses questions au prétexte qu'il n'a pas d'électeurs tandis que son interlocuteur, lui, a la légitimité du suffrage. Le futur exilé du 2 décembre, cette haute figure qui allait incarner le « non » à Napoléon III dit le Petit, avait une conception autrement riche de la démocratie que le seul choix, par le vote, de représentants auxquels nous déléguons nos pouvoirs. Pour choisir, il faut savoir, insistait-il. La presse dans une main, le bulletin dans l'autre. À égalité. Pas de vote sincère et loyal sans libre information et libre discussion.

Il suffit de ce rappel pour prendre la mesure de la fatigue démocratique qui, ces dernières années, a gagné nos élites dirigeantes alors même que les défis de l'époque appelleraient un renouveau politique qui dynamiserait le peuple, l'impliquerait, le mobiliserait et le rassemblerait. À tel point qu'en 2012, tandis que se tournait la page d'une présidence de droite ayant incarné jusqu'à l'humiliation de son propre camp la démesure narcissique des oligarques, certains tenants de la nouvelle majorité de gauche s'empressèrent d'en faire la démonstration, en brûlant ce qu'ils avaient adoré alors qu'ils étaient dans l'opposition.

Assommés par leur défaite présidentielle de 2002, tétanisés par leur crise de leadership, paralysés par leurs divisions, les socialistes, durant une décennie, s'étaient tournés vers les citoyens bien au-delà de leur pré carré de militants et d'élus. « Démocratie participative » et « primaires citoyennes » étaient alors leurs sésames, signifiant l'aveu de l'impasse où les avait conduits une démocratie représentative cadenassée par ses élites professionnelles et fermée aux classes populaires. « Nos partis politiques ne fonctionnent pas de manière démocratique, n'hésitaient pas à écrire en 2009 Olivier Ferrand et Arnaud Montebourg, les promoteurs du recours aux primaires ouvertes pour sortir le PS de la nasse. Centralisme bonapartiste pour les uns, avant-garde éclairée pour les autres : le résultat est le même, c'est une petite oligarchie dirigeante qui y détient le pouvoir. »

Le pouvoir conquis, brutal changement de registre. Au seuil de l'été 2012, Martine Aubry, encore première secrétaire du PS, et Jean-Marc Ayrault, nouveau Premier ministre, signaient une contribution en vue du congrès socialiste de l'automne. L'affirmation, purement rhétorique, selon laquelle « réussir le changement, c'est mobiliser la société », y était suivie de ce cri du cœur, sorte de réflexe curieusement défensif : « Pour nous, redisons-le, la démocratie est d'abord représentative. Qu'elle soit en crise – pourquoi le nier quand tant de nos concitoyens ne se rendent pas aux urnes – ne doit pas nous conduire à l'oublier, mais à œuvrer à lui redonner son crédit et sa grandeur. »

Dans la foulée, la réflexion sur la rénovation et la déontologie de la vie publique était confiée par le nouveau président de la République, François Hollande, à une énième commission présidée par l'ancien Premier ministre Lionel Jospin. Une commission plutôt que le Parlement. Des experts plutôt que des parlementaires. Une commission travaillant à huis clos, sans auditions publiques, sans site Internet, sans fenêtre ouverte vers ou pour les citoyens. Une commission dont le président, Lionel Jospin, avait écrit, en 2007, dans *L'Impasse,* tout le mal qu'il pensait de la démocratie participative : « Dans tous les pays où règne la démocratie, elle est représentative. L'ensemble du peuple ne peut exercer sa souveraineté qu'en déléguant à ses élus le pouvoir de décider en son nom et conformément à des orientations qu'ils lui ont soumises. »

Avant que d'éventuelles mauvaises surprises électorales ne rappellent cruellement à la gauche les limites de cette conception figée et immobile de la démocratie, n'aurait-il pas mieux valu confier la rénovation des institutions à des réformateurs plus audacieux et plus inventifs ? Car cette conception faible de la démocratie est, de longue date, contestée par les tenants d'une conception forte qui ancre la démocratie dans sa promesse originelle : le pouvoir du peuple, d'un peuple qui gouverne et se gouverne, qui intervient et contrôle, initie et participe, s'implique et se mobilise.

L'appel à une démocratie participative n'est pas une lubie démagogique ou un gadget électoral mais l'écho en France de débats intellectuels et d'expériences concrètes venus d'autres pays et continents. Les résumant en 2007 dans *Le Pouvoir au peuple,* le sociologue Yves Sintomer en soulignait l'enjeu politique face à la tentation, dans un monde de plus en plus complexe et incertain, de réserver la maîtrise de la démocratie à ses professionnels, supposés compétents et avertis, le peuple se contentant de les choisir à intervalles réguliers lors des scrutins : « Le vrai problème n'est pas que la société française soit entrée dans une phase de décadence, mais que le système politique actuel soit incapable de se nourrir des dynamiques civiques existantes pour s'attaquer résolument aux défis du monde présent. »

La démocratie ne se réduit pas à la légitimation par les urnes des gouvernants. Sacralisant l'idée d'un face-à-face entre le peuple et ses dirigeants, cette vision témoigne de la prégnance du bonapartisme plébiscitaire dans la culture politique française et, par conséquent, de l'insigne faiblesse de son exigence démocratique. Dévalorisant les corps intermédiaires, la société civile, les forces du droit et les tribunes de presse, elle réduit la démocratie au fait majoritaire. Or, si la majorité s'est imposée comme règle de désignation des gouvernants, elle ne saurait aucunement suffire pour justifier leurs actions une fois qu'ils ont été élus. Tout au contraire, ainsi que le résume Pierre Rosanvallon, « un pouvoir ne peut être considéré comme pleinement démocratique que s'il est soumis à des épreuves de contrôle et de validation à la fois concurrentes et complémentaires de l'expression électorale ».

Défendre sans concession la liberté de la presse, ce n'est donc pas s'arc-bouter sur un principe abstrait mais illustrer une conception concrète de la vie démocratique, une exigence pratique de la vie en démocratie. À cette aune, que nos responsables politiques d'aujourd'hui semblent tièdes et frileux comparés à certains de leurs prédécesseurs ! Prenez par exemple Pierre Mendès France (1907-1982), ce radical qui, de nos jours, passerait sans doute pour un indigné : « La République doit se construire sans cesse car nous la concevons éternellement révolutionnaire à l'encontre de l'inégalité, de l'oppression, de la misère, de la routine, des préjugés, éternellement inachevée tant qu'il reste des progrès à accomplir. »

À cet engagement de 1954, durant son mandat rapidement écourté de chef du gouvernement, fait écho, vingt ans après, cette définition en 1976 de la démocratie par l'homme qui, à gauche, incarnera le refus du présidentialisme : « La démocratie, écrivait Mendès France dans *La vérité guidait leurs pas*, c'est beaucoup plus que la pratique des élections et le gouvernement de la majorité : c'est un type de mœurs, de vertu, de scrupule, de sens civique, de respect de l'adversaire ; c'est un code moral. » À l'aube de la crise historique des sociétés occidentales – crise économique, sociale, démocratique, identitaire, culturelle, de civilisation et de destin, etc. –, il s'alarmait alors de l'émergence progressive de cette « tyrannie douce » tôt entrevue par Alexis de Tocqueville dans *De la démocratie en Amérique* (1835) : un despotisme inédit, dégradant les hommes « sans les tourmenter », où « les citoyens sortent un moment de la dépendance pour indiquer leur maître, et y rentrent ».

Voici pourquoi, citoyens, la liberté de la presse, quels que soient vos reproches, insatisfactions et mécontentements envers l'espèce journalistique, vous concerne au premier chef : parce que s'y joue l'intensité de votre désir de démocratie, de votre volonté d'en être acteur et de votre souhait que personne n'en soit exclu. « Croyons-nous en la démocratie ? » : en 1934, au creux de la dépression américaine provoquée par la crise de 1929 à laquelle notre crise économique actuelle est comparable, une voix s'est élevée pour poser cette simple question. Et cette voix, celle du père intellectuel d'une radicalité démocratique inscrite dans le pragmatisme de l'expérience, a beaucoup compté dans le réveil des États-Unis face au fascisme et au nazisme, lequel réveil n'avait rien d'inéluctable.

Dans *Une foi commune*, ce philosophe, John Dewey (1859-1952), posait la question de l'adhésion à la démocratie et de la force mobilisatrice de son idéal selon lequel « chaque citoyen est un souverain ». Soucieux de la construction d'un public qui participe à la démocratie, qui soit informé sur ses enjeux et que l'on implique dans ses solutions, Dewey démontrait que, loin de se réduire à ses dimensions représentative et délibérative, sa vitalité suppose un écosystème complexe et dynamique. Une démocratie qui ne serait confiée qu'à la délégation de pouvoir de ses élus serait anémiée et fragile, soulignait-il, et donc à la merci de n'importe quel démagogue.

Faute de ces audaces, de pensées et d'actes, d'autres forces que les démocrates récupéreront et exploiteront les attentes d'un peuple qui en est venu à douter de la démocratie elle-même. L'enseignement des dernières années, en France comme ailleurs en Europe, est que ce ne seront sans doute pas les droites conservatrices classiques qui profiteront des pusillanimités des gauches gouvernantes assagies mais des droites nouvelles, extrémisées et radicalisées. Des droites extrêmes dont le Néerlandais Rob Riemen a récemment montré, dans un essai brûlant en forme d'alarme au-delà de son propre pays, qu'elles n'étaient, au bout du compte, malgré leurs atours nouveaux, que « l'éternel retour du fascisme »

Un retour, ajoutait-il, facilité par « des partis politiques qui ont renoncé à leurs idéaux », par « la cupidité du monde des affaires », par des « intellectuels qui cultivent un nihilisme complaisant » et par « des *mass medias* qui s'emploient à l'abêtissement du public, plutôt que de chercher à développer son sens critique… » Maçons de l'édifice démocratique, nous voici donc au pied du mur, sommés de le relever et de le rehausser avant qu'il ne s'effondre sur lui-même.

3.

Publicité

Pour agir en citoyen, j'ai besoin de savoir. Savoir ce qui se dit, se fait, se trame, se décide, s'organise, au nom du peuple souverain ou sous couvert du peuple souverain. S'agissant des affaires publiques, la publicité doit donc être la règle et le secret l'exception. Rendre public ce qui est d'intérêt public est toujours légitime. Et cet intérêt public recouvre tout ce qui participe à la vie démocratique, au débat d'opinion et aux discussions partisanes concernant le bien commun.

Le fonctionnement des États, de la République française, de l'Union européenne, des institutions politiques et économiques et des grandes organisations internationales sont ainsi d'intérêt public. Tout comme le sont le respect de la loi commune, l'application de la loi fiscale, l'éthique des fonctions gouvernementales, la déontologie des fonctions administratives, l'indépendance de la justice, l'intégrité de la diplomatie, la transparence de la vie économique et financière, le respect des droits civiques et sociaux, les politiques de santé publique, la protection de l'environnement, les questions migratoires, les enjeux géopolitiques, les sujets de défense, les conflits militaires, etc. De même que sont d'intérêt public la révélation de faits de corruption, de conflits d'intérêts ou de traitement inhumains ou dégradants.

Toute information qui concerne le sort des peuples, des nations et des sociétés mérite d'être connue du public afin qu'il puisse se faire son opinion, juger sur pièces, choisir pour agir, influer sur les affaires du monde et sur la politique des gouvernements. Si, en démocratie, le peuple est souverain, alors la politique menée en son nom ne saurait être l'apanage d'experts et de spécialistes, d'élites et de professionnels, qui seraient seuls destinataires des informations légitimes, agissant en quelque sorte comme des propriétaires privés d'un bien public.

Les principes ici rappelés sont aux fondations de l'idéal démocratique. S'ils furent longs à être admis et inscrits, s'ils doivent encore être défendus et promus, ils n'en sont pas moins au point de départ de notre histoire républicaine. « La publicité de la vie politique est la sauvegarde du peuple », énonce dès août 1789 Jean Sylvain Bailly, tout juste élu maire de Paris après avoir présidé le tiers état. Phrase étonnamment moderne qui rappelle le sens premier du mot publicité, bien avant que, saisi par l'esprit marchand, il ne soit dévalué en réclame commerciale. Publicité : rendre public et rendre au public. L'envers de l'opacité et du secret.

En cette matière, la Révolution française n'innove pas dans un isolement solitaire : elle confirme et prolonge des principes défendus avec ardeur en Angleterre, durant les décennies précédentes du XVIIIe siècle. La question de la publicité des séances de la Chambre des communes y fut l'objet d'une longue bataille, finalement gagnée par la presse, contre les censeurs du pouvoir royal. Dans cette scène primitive de nos institutions démocratiques, on retrouve de nouveau le caractère primordial de l'information : expression de la volonté générale, la loi doit être débattue, délibérée et votée sous le regard de tous, dans la libre communication des citoyens.

Commentant la proclamation décisive de Bailly, l'historien Jean-Noël Jeanneney souligne la rupture essentielle ainsi introduite par la Révolution : « La première idée est que le secret est toujours détestable, protection des privilèges, rempart que les monarchies absolues dressent autour d'elles pour dissimuler les iniquités qu'elles entretiennent. Le secret est par essence contre-révolutionnaire. Par conséquent, le régime nouveau se donne pour première ambition de permettre et de mériter la transparence des affaires publiques. Il ne suffit pas de dire que désormais la souveraineté ne tombe plus d'en haut, et qu'elle procède du peuple ; il faut que tout se passe en public, sous le regard attentif et sévère des citoyens. »

Tel est, en quelque sorte, le premier coup de tonnerre de l'événement révolutionnaire : la proclamation du droit de savoir et, donc, de regard du public. Quels qu'en furent les aléas et vicissitudes par la suite, selon les pays, les époques et les régimes, ce principe s'est imposé comme la matrice des démocraties véritables. Qu'il soit affaibli ou malmené notamment en France, où un présidentialisme déséquilibré favorise toujours les secrets du pouvoir exécutif au détriment des curiosités du pouvoir parlementaire, n'empêche pas de s'accorder, ne serait-ce qu'en paroles, sur sa primauté. C'est le premier levier des libertés, une liberté qui garantit toutes les autres, la liberté sans laquelle le peuple ne peut maîtriser son destin, celle sur laquelle reposent les fondations des sociétés démocratiques : le droit de rechercher, recevoir, communiquer, échanger, transmettre des informations.

Depuis la catastrophe européenne (1914-1945), cette double guerre mondiale dans laquelle notre continent entraîna l'humanité au risque de se perdre définitivement, ce principe n'a cessé d'être approfondi, renforcé et étendu. Garantie essentielle contre le retour de la barbarie, il est énoncé à l'article 19 de la Déclaration universelle des droits de l'homme du 10 décembre 1948, dans une formulation qui anticipe l'avènement technologique d'Internet en défendant une circulation « sans frontières » des informations : « Tout individu a droit à la liberté d'opinion et d'expression, ce qui implique le droit de ne pas être inquiété pour ses opinions et celui de chercher, de recevoir et de répandre, sans considérations de frontières, les informations et les idées par quelque moyen d'expression que ce soit. »

Nombreux sont les engagements internationaux souscrits par la France qui protègent, non seulement la liberté d'expression, mais ce droit du public à être librement informé qui en est la condition. C'est le cas de l'article 19 du Pacte des Nations unies relatif aux droits civils et politiques du 16 décembre 1966 : « Toute personne a droit à la liberté d'expression ; ce droit comprend la liberté de rechercher, de recevoir et de répandre des informations et des idées de toute espèce, sans considération de frontières, sous une forme orale, écrite, imprimée ou artistique, ou par tout autre moyen de son choix. »

C'est aussi le cas de l'article 10 de la Convention européenne de sauvegarde des droits de l'homme et des libertés fondamentales du 4 novembre 1950 : « Toute personne a droit à la liberté d'expression. Ce droit comprend la liberté d'opinion et la liberté de recevoir ou de communiquer des informations ou des idées sans qu'il puisse y avoir ingérence d'autorités publiques et sans considération de frontières. » C'est encore le cas de l'article 11 de la Charte des droits fondamentaux de l'Union européenne du 7 décembre 2000 : « Toute personne a droit à la liberté d'expression. Ce droit comprend la liberté d'opinion et la liberté de recevoir ou de communiquer des informations ou des idées sans qu'il puisse y avoir ingérence d'autorités publiques et sans considération de frontières. La liberté des médias et leur pluralisme sont respectés. »

Où l'on en revient toujours à notre point de départ : l'enracinement de la liberté de la presse dans un droit fondamental des citoyens. La presse, en somme, comme instrument de leur liberté, et non pas de la sienne propre, dans un isolement hautain et supérieur, hors de toute responsabilité sociale. Il fallut près d'un siècle après l'événement révolutionnaire pour que cette liberté soit enfin instituée sans réserve en France, au tout début de la première République durable, la troisième. « L'imprimerie et la librairie sont libres », énonce l'article 1er de la loi du 29 juillet 1881 sur la liberté de la presse. Tout simplement libres.

Formulé lors de la démocratisation de la presse imprimée, ce principe de liberté s'applique aujourd'hui à l'ensemble des vecteurs d'information, sans discrimination entre eux, quel que soit leur support matériel. La loi pour la confiance dans l'économie numérique du 21 juin 2004 dispose ainsi, en son article 1er : « Ainsi qu'il est dit à l'article 1er de la loi n° 86-1067 du 30 septembre 1986 relative à la liberté de communication, la communication au public par voie électronique est libre. »

Mieux, un statut de la presse en ligne a été établi par l'article 27 de la loi du 12 juin 2009 favorisant la diffusion et la protection de la création sur Internet. À cette occasion, la loi du 1er août 1986 portant réforme du régime juridique de la presse a été ainsi complétée : « On entend par service de presse en ligne tout service de communication au public en ligne édité à titre professionnel par une personne physique ou morale qui a la maîtrise éditoriale de son contenu, consistant en la production et la mise à disposition du public d'un contenu original, d'intérêt général, renouvelé régulièrement, composé d'informations présentant un lien avec l'actualité et ayant fait l'objet d'un traitement à caractère journalistique, qui ne constitue pas un outil de promotion ou un accessoire d'une activité industrielle ou commerciale. »

Telle est la tradition démocratique que Mediapart, avec d'autres, illustre et défend dans la modernité numérique. Ces articles de lois en vigueur sont ici rappelés à l'attention de tous ceux qui font semblant de l'ignorer, méprisant la presse sur Internet et, à l'occasion, calomniant ses journalistes. Car, loin de l'avilir ou de le contredire, la révolution numérique permet d'étendre et de renforcer ce droit fondamental à l'information. Univers du lien et des réseaux, de la rapidité et de l'instantanéité, Internet facilite la circulation et l'échange des nouvelles, sans frontières ni barrières. L'invention de médias participatifs accompagne la création de nouveaux modèles de presse, où les lecteurs sont associés aux contenus, pouvant contribuer, alerter et informer. C'est l'occasion de promouvoir une nouvelle alliance entre les journalistes et les citoyens autour du droit du public à connaître toute information d'intérêt général.

« L'injustice ne peut trouver de réponse que lorsqu'elle est révélée, car, pour que l'homme puisse agir intelligemment, il lui faut savoir ce qui se passe réellement », écrivait Julian Assange dans un texte de 2006 justifiant l'ambition de WikiLeaks, organisation à but non lucratif fondée l'année suivante. Réflexion inaugurale sur l'organisation de fuites (*leaks*) publiques massives comme arme des peuples contre des gouvernances autoritaires fondées sur le monopole du secret, cette contribution entendait démontrer combien l'actuelle révolution numérique peut accélérer et faciliter une concrétisation mondiale de l'utopie portée par la Déclaration universelle de 1948.

WikiLeaks a appris aux journalistes professionnels qu'à l'heure du média personnel, c'est la société elle-même qui peut désormais s'emparer directement de cette exigence, la garantir et la produire, du bas vers le haut, sans délai ni attente. En permettant de renouer avec la promesse démocratique des origines, sa radicalité et son authenticité, les potentialités libératrices des technologies numériques favorisent l'invention de stratégies du faible au fort, où le faible n'est pas condamné à subir et le fort pas assuré de dominer. Ici, la technique n'est pas libératrice par essence, mais par l'usage social que l'on en fait, les pratiques qu'on y promeut, les droits qu'on y conquiert, les résistances qu'on y organise de façon qu'elle reste sous le contrôle de ses usagers.

Le numérique est le champ d'une bataille décisive entre les citoyens et les pouvoirs qui oppose l'extension horizontale des libertés à l'imposition d'un contrôle vertical. Univers sans frontières, lieu de partage et d'échange, facilitant la circulation et la conservation des données, sans entraves à l'accès ni limites de stockage, Internet est un levier formidable pour faire reculer l'opacité dont s'entourent les pouvoirs afin de tromper l'opinion et d'échapper à son jugement. Surtout, il permet à tout individu de faire jouer directement son droit, voire son devoir, d'alerte.

Ce changement de paradigme oblige les journalistes professionnels à se remettre en cause : habitués à être les gardiens (*gatekeepers*) de l'information, ceux qui jusqu'alors en étaient les seuls garants, sélectionneurs et promoteurs, les voici désormais concurrencés par la liberté nouvelle des lanceurs d'alerte (*whistleblowers*), ces citoyens qui se passent de leur médiation pour livrer directement les informations qui leur semblent essentielles et légitimes. Mais l'histoire imprévisible qui s'écrit sous nos yeux montre que ce n'est pas forcément les uns contre les autres, amateurs contre professionnels, mais plutôt les uns avec les autres, dans une mutation des pratiques et une évolution des repères. Dans une nouvelle alliance entre journalistes et citoyens, entre professionnels de l'information et lanceurs d'alerte, où ces derniers disposent de nouveaux moyens pour faire savoir, tandis que les compétences des premiers se mettent au service des informations livrées par les seconds.

En augmentant les potentialités du droit d'accès et en étendant les possibilités du faire savoir, cette nouvelle donne technologique affole les oligarchies régnantes ou possédantes. Face aux professionnels de l'information, elles avaient su, avec le temps, construire des dispositifs de préservation de leurs secrets ou de diversion des opinions par la communication. C'en est potentiellement fini avec l'irruption sans intermédiaires du n'importe qui démocratique sur la scène numérique de la circulation de l'information, de ses réseaux sociaux et de ses liens partagés, incontrôlables et universels.

Effrayés, les oligarques se sont empressés de discréditer cette nouveauté, avant d'essayer de la domestiquer par des stratégies économiques ou étatiques. Internet serait « le tout-à-l'égout de la démocratie » : prononcée en 2009 devant un parterre patronal et regrettée à demi-mot depuis, cette saillie de Denis Olivennes, alors dirigeant du *Nouvel Observateur* avant de devenir patron des médias du groupe Lagardère, restera comme le pire résumé de cet aveuglement panique, sous sa morgue apparente. On ne saurait mieux dire la crainte que la populace fasse irruption, bousculant une conversation entre initiés et privilégiés d'un même monde.

De façon plus subtile, ce procès d'Internet fut ensuite instruit en brandissant le mot « transparence », supposé résumer un monde totalitaire de mise à nu des individus sur la place publique.

Alors que les révélations par WikiLeaks des câbles diplomatiques américains accompagnaient le réveil démocratique des peuples arabes, qui prenaient courage avec cette mise à nu de la décrépitude de leurs despotes, on entendit un Premier ministre de droite (François Fillon) crier au vol et au recel de vol tandis qu'un ancien ministre de gauche (Hubert Védrine) lançait : « La transparence illimitée, c'est la Chine de Mao. »

L'un et l'autre témoignaient d'une bien faible conscience démocratique. D'abord, notre propre droit n'a cessé d'affirmer, de jurisprudence en jurisprudence, que l'origine éventuellement illicite d'une information devenait secondaire si cette information se révélait légitime parce que d'intérêt public. En d'autres termes, le droit fondamental à l'information du peuple, parce qu'il conditionne la vitalité démocratique, est prioritaire. Comme l'a elle-même expliqué la Cour de cassation, en consacrant son rapport annuel de 2010 à cette question du droit de savoir, la vie démocratique témoigne de conflits de droits fondamentaux dont les juges sont les arbitres, invités à privilégier la solution la plus protectrice de l'intérêt le plus légitime.

La vie privée des personnes est notamment un principe aussi intangible que le droit de savoir du public. Il en est même indissociable, dans la mesure où la construction d'un espace public de délibération citoyenne suppose, parallèlement, l'affirmation et la protection des espaces d'intimité privée. Pour débattre et agir en public, je dois pouvoir vivre et penser en privé : réunissant autour du bien commun des citoyens libres, l'idéal démocratique unit les droits collectifs qu'il proclame aux libertés individuelles qu'il garantit. Pour autant, la protection de la vie privée ne saurait être un alibi afin d'empêcher la révélation au grand jour de délits, contre l'intérêt général ou contre des personnes, dont la consistance, la matérialité et la gravité confirment qu'ils relèvent bien du droit de savoir du public.

Ainsi le majordome de la milliardaire Liliane Bettencourt a-t-il sciemment violé son intimité privée en enregistrant secrètement ses conversations d'affaires, afin de prouver et dénoncer les manigances intéressées dont sa fortune faisait l'objet. Mais, à partir du moment où ces enregistrements étaient entre les mains de la police et de la justice, les journalistes qui, à l'exclusion de tout ce qui relevait de la vie privée des protagonistes, en ont scrupuleusement extrait les passages dévoilant de potentiels délits, révélant des faits de fraude et d'évasion fiscales, d'entrave à la justice, d'abus de pouvoir, de conflits d'intérêts, etc., ont fait œuvre d'intérêt public. C'est en tout cas ce que Mediapart, sur la foi d'une jurisprudence jusqu'ici constante, plaide dans cette affaire qui n'aurait sans doute pas connu de suites judiciaires aussi importantes sans ses révélations, faites selon des procédures professionnelles qui ont su allier obligation du droit de savoir et respect de la vie privée.

Quant à la caricature de l'information légitime en transparence infernale, c'est oublier que le propre d'un pouvoir totalitaire, ce n'est justement pas « la transparence illimitée » mais, d'une part, l'opacité totale sur le pouvoir et, d'autre part, une transparence inquisitoriale sur les individus. Le secret y protège un pouvoir absolu qui, en revanche, traque les secrets de la société, lui refusant toute vie autonome. De fait, la traduction courante en « transparence » du mot russe *glasnost* au début de la perestroïka gorbatchévienne était déjà inadéquate, renvoyant à la vision d'une société transparente et non pas d'un espace public informé. Il aurait été préférable, comme nous le revendiquons ici, de traduire *glasnost* par « publicité » ou, sinon, par « domaine public ».

En 1989, à l'occasion d'un dialogue franco-soviétique provoqué par ce bref moment, finalement voué à l'échec, de transformation démocratique de l'URSS, le philosophe antitotalitaire Claude Lefort soulignait combien l'écosystème démocratique supposait l'appropriation et la délibération par tous des informations d'intérêt public et des questions qu'elles posent : « La formation d'un espace public, en conséquence de l'avènement d'une société civile libérée du contrôle étroit de l'État, est la garantie que nul n'a la position du grand maître et du grand juge et qu'en principe, au moins, la vérité et la justice sont toujours l'enjeu d'un débat. »

Un arrêt rendu le 18 mai 2004 par la Cour européenne des droits de l'homme contre la France a symboliquement et fermement illustré cette philosophie démocratique dans l'ordre juridique. La justice française avait définitivement interdit, comme s'il était mis à l'index par un pouvoir monarchique, le livre du docteur Claude Gubler qui avait été le médecin personnel de François Mitterrand et qui, dans *Le Grand Secret*, racontait après la mort, en 1996, de ce président de la République le mensonge organisé autour du cancer dont il fut atteint dès le début de son premier mandat, en 1981. En condamnant l'État français qui avait censuré ce livre, en quelque sorte pour crime de lèse-majesté, la Cour de Strasbourg illustrait l'exigence démocratique du droit de savoir : l'état de santé de celui qui incarne le pouvoir suprême, chef des Armées et gardien de la Constitution, ne relève pas automatiquement des protections dont bénéficie le citoyen ordinaire, celles de la vie privée ou du secret médical.

Dans sa décision, la Cour européenne des droits de l'homme commençait par rappeler sa jurisprudence constante selon laquelle la liberté d'expression, entendue comme « l'un des fondements essentiels d'une société démocratique », vaut non seulement pour les informations « accueillies avec faveur ou considérées comme inoffensives ou indifférentes, mais aussi pour celles qui heurtent, choquent ou inquiètent ». Les éventuelles restrictions des États à cette liberté fondamentale doivent donc se prévaloir d'un « besoin social impérieux ». C'est ainsi, soulignait-elle, que « la marge d'appréciation des autorités nationales » face au devoir d'information du public « sur toutes les questions d'intérêt général » doit être strictement « circonscrite par l'intérêt d'une société démocratique à permettre à la presse de jouer son rôle indispensable de chien de garde ».

Traitant le livre du docteur Claude Gubler au même titre qu'une information dévoilée par l'un de ces *watchdogs* (« chiens de garde » en français) de la démocratie, la Cour de Strasbourg a jugé qu'aucun « besoin social impérieux » ne justifiait l'interdiction du *Grand Secret*. Rappelant qu'il « raconte en particulier les difficultés qu'avait posées au docteur Gubler la dissimulation de cette maladie, alors que le président Mitterrand s'était engagé à faire paraître un bulletin de santé tous les six mois », elle conclut que « la publication de cet ouvrage s'inscrivait dans un débat d'intérêt général alors largement ouvert en France et portant en particulier sur le droit des citoyens d'être, le cas échéant, informés des affections graves dont souffre le chef de l'État, et sur l'aptitude à la candidature à la magistrature suprême d'une personne qui se sait gravement malade ».

Surgies à propos du *cablegate* mondial déclenché par WikiLeaks, les comparaisons formulées par des officiels français avec le vol criminel ou avec la transparence totalitaire sont donc juridiquement infondées et démocratiquement inconséquentes. Il n'est pas interdit d'y entendre une sorte de lapsus : pour Hubert Védrine, comme pour François Fillon, il importe d'abord que le pouvoir survive à l'abri de ses secrets, tandis que la société resterait privée des informations lui donnant prise sur ce qui est fait en son nom. Car, dans le cas de WikiLeaks en particulier comme du journalisme en général, il ne s'agit en aucun cas de transparence mais d'information : autrement dit, non pas de mettre à nu des individus, mais de dévoiler des politiques.

La diabolisation d'une prétendue transparence en lieu et place d'une défense acharnée du droit de savoir des citoyens n'est, au bout du compte, qu'une pensée oligarchique, au croisement de l'avoir et du pouvoir, de la puissance et de la finance, où, par privilège de fortune, de diplôme ou de naissance, une petite minorité se pense plus légitime que le peuple ordinaire pour parler et agir en son nom.

De ce point de vue, la France est encore loin d'être un exemple de démocratie vivante et partagée. Façonnée par une longue durée bonapartiste, où le pouvoir se légitime d'en haut plutôt qu'il ne se construit d'en bas, sa culture politique dominante, celle qui inspire spontanément ceux qui ont en charge les affaires publiques, reste dominée par le secret. Ceux qui ont le privilège de savoir ne considèrent pas spontanément qu'ils doivent en rendre compte et rendre des comptes, s'expliquer longuement devant les parlementaires ou répondre précisément aux journalistes.

Pour un journaliste d'enquête, c'est-à-dire préférant la recherche d'informations au commentaire d'opinion, l'exercice du droit de savoir relève, au jour le jour, d'une guérilla plutôt que d'une évidence. Ici, l'exception est la norme. Proclamés, les principes n'en sont pas moins bafoués. Refus, silence, dérobade, mutisme, échappatoire, faux-fuyant, etc. : l'attitude dominante, admise et tolérée, est à l'opposé d'une culture apaisée du droit de savoir, au nom de l'intérêt primordial du public, des citoyens, du peuple souverain. Et ceci alors même que, dans nos sociétés médiatisées, d'instantanéité et d'immédiateté, les mêmes qui refusent de répondre ne cessent de déployer des stratégies de communication afin d'imposer leur récit contre les faits, leur commentaire au détriment de l'information.

Ce choix coutumier des responsables politiques de ne pas s'expliquer quand ils sont en difficulté, de ne jamais répondre précisément face à des révélations documentées, va de pair avec l'habitude des administrations d'opposer toutes sortes d'embûches et d'entraves aux curiosités légitimes des citoyens ou des journalistes. Malgré les principes proclamés, le droit de savoir reste encore à conquérir face à des pouvoirs de tous ordres qui ont intégré et banalisé comme une seconde nature la distance et la supériorité de ceux qui savent et qui décident en lieu et place du commun des citoyens.

Pourtant, la Déclaration des droits de l'homme de 1789 énonçait déjà, en son article 15, que « la société a le droit de demander compte à tout agent public de son administration ». Sur la longue durée républicaine, c'est en fait « le mutisme de ses agents et le secret de ses papiers » que l'administration a longtemps opposés à ses administrés. Datant de la fin des années soixante, la formule résume la prise de conscience qui amena la France à une remise en cause tardive et toujours imparfaite, celle qui conduisit à la loi du 17 juillet 1978 concrétisée par l'instauration d'une commission d'accès aux documents administratifs, la CADA.

Il suffit de citer l'intitulé de cette loi, imposée au forceps par les parlementaires de l'époque contre un pouvoir exécutif réticent, pour mesurer l'insigne prudence française vis-à-vis d'un véritable droit public à l'information : « Loi portant diverses mesures d'aménagement des relations entre l'administration et le public et diverses dispositions d'ordre administratif, social et fiscal ». Nous voici à mille lieues du *Freedom of Information Act* (FOIA) des États-Unis d'Amérique adopté dès 1966 et renforcé depuis, notamment sous l'administration Obama. Cette loi fondamentale sur la liberté de l'information considère que le droit d'accès des citoyens aux informations doit être la règle et le refus l'exception.

Autrement dit, il revient à l'administration de justifier ses refus et non pas aux citoyens de justifier leurs demandes. À cette véritable révolution, qui permet à la presse américaine d'obtenir régulièrement des documents essentiels, y compris sur les questions les plus sensibles relevant de la défense ou de la sécurité, s'est ajoutée dès 1996 une obligation positive imposée aux administrations à l'heure des archives électroniques : désormais, nombre d'informations doivent être spontanément mises en ligne, même sans aucune demande venue du public.

Avec la révolution numérique, l'accès direct, sans filtre ni intermédiaire, à l'information documentaire issue des activités gouvernementales, ministérielles, administratives, etc., devrait aller de soi. Mais, ici, la technique ne suffit pas si la politique ne suit pas. Or la culture française reste celle d'un droit d'accès difficile, indirect, complexe, dissuasif, lourd et lent, parsemé d'embûches et d'obstacles. Nous sommes bien loin d'une loi fondamentale instaurant la liberté de l'information comme une règle qui s'impose à tous les tenants d'une quelconque autorité publique.

À tel point que, pour les juristes, la consécration du droit d'accès aux documents administratifs comme garantie fondamentale de l'exercice des libertés publiques n'est acquise que depuis 2002, avec un simple arrêt du Conseil d'État – l'arrêt Ullmann du 29 avril 2002 – qui, évidemment, n'a pas la force pratique d'une loi fondamentale. Lequel arrêt évoque le droit d'accès aux documents administratifs comme l'une des « garanties fondamentales accordées aux citoyens pour l'exercice des libertés publiques ». Mais, en pratique, la mise en œuvre de ce droit est laissée à diverses commissions administratives, dites indépendantes alors qu'elles sont nommées par le pouvoir exécutif, lesquelles n'assurent pas l'accès direct et immédiat, facile et rapide, que seraient en droit d'obtenir les citoyens d'une démocratie adulte.

Pendant que la France tarde et piétine, d'autres la dépassent, mettant en pratique à leur tour des dispositions semblables au FOIA américain, voire allant plus loin en prenant en compte la démultiplication documentaire permise par la révolution numérique. La Grande-Bretagne s'est dotée d'une loi fondamentale sur la liberté de l'information en 2005, laquelle loi a notamment permis à la presse d'Outre-Manche de révéler le scandale des notes de frais des parlementaires, lesquelles recouvraient à droite comme à gauche des usages privés qui, depuis, ont été lourdement sanctionnés par la justice. Et l'Islande, dans le cadre de sa nouvelle Constitution née de l'effondrement de ses certitudes provoqué par la crise financière, compte bien devenir un laboratoire modèle pour le droit de savoir des citoyens et la liberté entière des médias.

Sans compter les pays scandinaves qui donnent l'exemple depuis fort longtemps. Par trop convaincue d'une exceptionnalité universelle qu'elle oublie, bien souvent, de mériter, la France ignore, par exemple, que la première loi et la plus exemplaire sur la liberté de la presse fut suédoise et remonte à 1766. Ne se contentant pas de proclamer la liberté de ceux qui font profession d'informer sur les faits ou d'exprimer des opinions, elle instituait déjà le droit pour chacun de consulter et de publier tout acte et mémoire administratif détenu par les autorités. Ainsi, en Suède, le droit d'accès aux documents administratifs et, donc, le droit de savoir des citoyens font partie des principes constitutionnels les plus anciens, inspirés par une philosophie des Lumières dont nous sommes, en France, devenus des disciples oublieux, ingrats et imparfaits.

« La meilleure forme de gouvernement, c'est celle qui comporte le moins de secrets derrière lesquels la malveillance et la méchanceté des hommes peuvent se cacher, affirmait le principal inspirateur de la loi suédoise de 1766. Dans des régimes despotiques, tout est secret. Le fonctionnaire est responsable uniquement devant le despote. Cela n'est pas le cas dans les gouvernements libres. » Il se nommait Anders Nordencrantz (1697-1772) et était un grand lecteur de Montesquieu, lequel avait ramassé, dans une formule passée à la postérité, l'obligation en démocratie d'équilibrer, contraindre et limiter les pouvoirs qui s'y déploient : « Pour qu'on ne puisse abuser du pouvoir, il faut que, par la disposition des choses, le pouvoir arrête le pouvoir. »

Le droit de savoir est ce pouvoir de tous qui, par la publicité sur les affaires publiques, arrête l'abus de pouvoir.

4.

Secret

Il y a près d'un siècle et demi, aux États-Unis, un jeune journaliste devenu entrepreneur de presse se fit remarquer en lançant le premier journal qu'il venait d'acquérir dans une croisade contre l'évasion fiscale. Le journal s'appelait le *St. Louis Post and Dispatch,* titre phare de la ville de Saint Louis, Missouri. Les oligarques locaux n'en crurent pas leurs yeux quand ils lurent, à côté des chiffres plus que modestes de leur dernière déclaration fiscale, leur nom et leur adresse suivis de l'évaluation détaillée de leur patrimoine. Ces révélations étaient accompagnées d'éditoriaux vengeurs du directeur et propriétaire, soulignant le mal causé aux pauvres par l'avidité des riches. Face à l'assaut des intérêts qu'il démasquait ainsi, ce jeune audacieux tint bon – et ce fut le début d'une extraordinaire aventure journalistique qui reste, aux États-Unis, un vivant symbole démocratique.

Ce journaliste entreprenant s'appelait en effet Joseph Pulitzer, parrain des célèbres prix du même nom. Dans ses éditoriaux, et alors même que sa réussite entrepreneuriale était éclatante, il n'eut de cesse de dénoncer la corruption par l'argent. « Je méprise de tout mon cœur les procès démagogiques qui sont faits aux riches ou à toute autre classe, écrivait-il par exemple, mais cette question est si grave qu'elle ne peut être traitée avec des gants. Dans ce pays, la croissance du pouvoir de l'argent a été fabuleuse, et ses relations avec le gouvernement, les intérêts auxquels obéit ce dernier doivent nous alerter. Nous voulons tous la prospérité, mais pas au prix de la liberté. [...] Faisons en sorte de ne jamais avoir, à Washington, un gouvernement qui s'appuie sur des millionnaires et qui ignore la volonté de millions d'hommes et de femmes. »

Immigré hongrois de culture allemande, Joseph Pulitzer (1847-1911) fut, par sa force de conviction comme par son engagement financier, à l'origine de la première école de journalisme dans le monde, celle de l'université de Columbia à New York. Plaidant en 1903 pour sa création, dans un essai traduit en français avec plus d'un siècle de retard, il alertait les journalistes sur « la folie de l'accumulation de l'argent », au point d'ajouter ceci : « La certitude qu'un journaliste de bonne réputation refuserait de diriger un journal représentant des intérêts privés opposés au bien public suffirait à elle seule à décourager une telle entreprise. » Bref, il encourageait notre profession à résister aux tentations et aux facilités en ne se souciant que de « l'esprit public » face aux « dangers de la ploutocratie et de la démagogie ».

Faut-il que notre démocratie soit affaiblie pour qu'un journal qui tente d'être fidèle à cet idéal soit vu, au choix, comme une menace ou comme une exception. Dans leurs précédents parcours professionnels avant qu'ils ne se lancent dans cette aventure inédite, les fondateurs de Mediapart s'étaient souvent heurtés à la raison d'État et à ses secrets le plus souvent indus, dissimulant les manquements éthiques ou les transgressions illégales des gouvernants. Mais ils avaient fini par s'apercevoir qu'il est, dans nos sociétés marchandes, des secrets autrement difficiles à percer, cachant des réalités plus alarmantes parce que plus banalisées et, surtout, plus corruptrices : les secrets d'argent.

Tel fut notre défi : briser cette omertà qui, au prétexte d'une économie de marché ouverte et concurrentielle, recouvre des pratiques illicites, des arrangements complaisants, des conflits d'intérêts, des affairismes sans scrupules, des corruptions bien réelles, des enrichissements sans cause, des mélanges des genres entre haute administration et milieux économiques, bref tout un monde d'intérêt et d'avidité qui échappe au commun des citoyens, hors de sa vue et hors de son contrôle.

Les principales affaires qui ont fait la notoriété de Mediapart ont ce fil conducteur, de la justice privée offerte pour qu'il s'enrichisse à un affairiste notoire aux commissions occultes détournées sur les marchés de l'armement, en passant par les sollicitudes empressées autour de l'une des premières fortunes d'Europe sans compter l'évasion et la fraude fiscales devenues pratiques ordinaires de nos riches privilégiés... En cinq ans, nous n'avons cessé de documenter l'hypocrisie d'élites dirigeantes qui ne se sentent pas tenues de respecter les règles qui s'imposent à tout citoyen – et qu'elles imposent elles-mêmes au peuple quand elles ont en charge l'autorité de l'État. Et ainsi de confirmer, au-delà de ce que nous imaginions, la place centrale qu'a prise l'argent privé dans la vie publique, au détriment de l'intérêt général.

La question du secret en démocratie n'est donc plus seulement celle de l'opacité du pouvoir politique, lequel n'a cessé, ces dernières années, de céder du terrain devant l'offensive d'un capitalisme ayant repris l'avantage. Sous le poids de la folie criminelle enfantée par son emballement intrinsèque, qui s'enrichit de l'asservissement de l'homme et de la destruction de la nature, de l'exploitation du travail du premier et de l'appauvrissement des richesses de la seconde, il avait dû concéder du terrain durant les Trente Glorieuses, du moins en Europe et en Amérique du Nord, acceptant, non sans contrainte, de composer avec l'État et de partager avec les salariés. Depuis la fin des années soixante-dix et le début des années quatre-vingt, c'en est fini : la prédation est redevenue le ressort d'un capitalisme rapace, libéré de ses anciennes entraves grâce au monde unifié de la globalisation et, en même temps, renforcé dans ses opportunités par la nouvelle révolution industrielle dont le numérique est le moteur.

Voici, par exemple, le tableau clinique qu'en fait l'économiste Michel Volle, dans un ouvrage justement intitulé *Prédation et prédateurs* : « Si l'économie moderne a connu la prédation, y compris sous les formes extrêmes de l'impérialisme et de la guerre industrielle, elle n'en était pas moins fondée sur l'échange équilibré où aucune des parties n'est en mesure d'imposer une transaction à l'autre. Dans l'économie contemporaine par contre se rencontre une prédation endogène qui n'est ni accidentelle ni marginale [mais] résulte de ses caractéristiques les plus fondamentales. Avec le développement de la criminalité en col blanc (corruption, rétro-commissions, caisses noires, blanchiment, manipulations des comptes et des médias, délits d'initié), les mœurs du milieu ont contaminé le bon milieu où se recrutent les dirigeants. L'informatique et les réseaux ont procuré aux prédateurs des outils d'une efficacité inédite. »

Et Michel Volle de conclure qu'il n'y a qu'un moyen pour, sinon éradiquer, du moins contenir cette prédation et ses prédateurs : l'information, la révélation, la publicité. « L'arme la plus efficace, écrit-il, sera de priver la prédation de son secret en la rendant visible, ce qui accroît la probabilité d'une réprobation et d'une sanction. » Une arme du faible au fort qui parie sur la prise de conscience du public et sur la perte de respectabilité des prédateurs. Une arme foncièrement pacifique où l'on dévoile pour désarmer, où l'on révèle pour empêcher, où l'on informe pour alerter.

Tels sont les secrets les plus redoutables que le journalisme doit affronter s'il entend être au rendez-vous de son devoir démocratique d'information envers le public : les secrets de l'argent, roi ou fou comme l'on voudra, dans tous les cas de l'argent qui s'érige en maître, instituant de nouvelles féodalités aux privilèges imprenables et intouchables.

À cette aune, la question de l'évasion et de la fraude fiscales, qui a alimenté la chronique des premiers mois de la présidence de François Hollande, du milliardaire Bernard Arnault à la star Gérard Depardieu en passant par un ministre du Budget, n'est évidemment pas anecdotique. Elle est au contraire centrale et décisive. En conclusion de son livre sur *Les Paradis fiscaux*, sous-titré *Enquête sur les ravages de la finance néolibérale*, le journaliste Nicholas Shaxson, dont la plume est accueillie aussi bien par le *Financial Times* que par *The Economist*, a lancé cette alerte, encore trop peu entendue : « Les paradis fiscaux sont un facteur déterminant de la façon dont le pouvoir politique et économique fonctionne dans le monde aujourd'hui. Ils permettent aux personnes, aux entreprises et aux pays les plus riches de conserver leurs privilèges, sans qu'il y ait pour cela aucune bonne raison. Les paradis fiscaux sont le théâtre où les millionnaires affrontent les pauvres, les multinationales les citoyens, les oligarchies les démocraties : à chaque fois, le plus riche l'emporte. »

Autrement dit, si une guerre acharnée ne leur est pas faite, avec constance et détermination, aucune politique socialement progressiste ne pourra durablement s'imposer, encore moins faire ses preuves. Car cet adversaire-là est déloyal, fourbe et dissimulé, violent et puissant, sans frontières et sans états d'âme, tout comme l'est le crime organisé. L'argent, quand il devient une fin en soi, avoisine le crime dans son entêtement à échapper aux lois communes. L'évasion fiscale n'est pas à la marge mais au centre d'une économie devenue mafieuse parce que livrée à la finance. Et les paradis fiscaux en sont le symbole tant leur survie et leur réussite dépendent d'une seule règle : le secret. Un secret aussi total, solide et verrouillé que peut l'être le secret qui scelle des pactes criminels.

« Un des traits les plus marquants de la mondialisation économique et financière est son opacité juridique », souligne Jacques de Saint-Victor dans *Un pouvoir invisible,* livre pionnier sur l'insertion et l'extension des mafias dans nos sociétés apparemment démocratiques. Les mécanismes inventés pour faciliter l'expansion des grandes banques et des entreprises multinationales ont ainsi permis « l'émergence d'une économie de l'ombre et d'un capitalisme clandestin ». En ce sens, le néolibéralisme radical, dont l'idéologie inspire nombre des gouvernants européens, inscrit une rupture avec le libéralisme classique, à la fois politique et économique, des origines. Saint-Victor cite notamment cette mise en garde de Raymond Aron en 1970 contre un monde des échanges livré

« à l'action des prédateurs, aux mœurs barbares, au vol par la propriété et à l'enrichissement sans cause ».

Tendanciellement, s'il est livré à lui-même, sans règles ni lois, sans contrôles ni contre-pouvoirs, l'esprit de ce nouveau capitalisme prédateur embrasse l'esprit de la mafia. La fraude lui est une seconde nature et le secret sa principale protection.

En 1937, après la réélection de Franklin Delano Roosevelt pour un deuxième mandat présidentiel, les États-Unis d'Amérique accentuaient leur sursaut démocratique et social face à une crise de même ampleur que l'actuelle, tandis qu'en Europe nazisme et fascisme imposaient leur barbarie jusqu'à l'inévitable basculement dans la guerre mondiale. Le 21 mai de cette année-là, Henry Morgenthau Jr., le ministre des Finances américain, transmit à son président une *Note du Trésor sur la fraude et l'évasion*. « Année après année, écrivait-il, l'enquête sur les rentrées de l'impôt sur le revenu révèle le combat toujours plus acharné des individus fortunés et des entreprises pour ne pas payer leur juste part des dépenses de leur gouvernement. Bien que le Juge Holmes [figure respectée de la Cour suprême] ait dit que "les impôts sont le prix à payer pour une société civilisée", trop de citoyens veulent la civilisation au rabais. »

Ne pas payer ses impôts, chercher à s'y soustraire ou à y échapper, c'est donc faire le choix de la barbarie du chacun pour soi contre la civilisation du tous pour chacun. Quand il devient un absolu, la fin et la mesure de toute chose, l'argent n'est plus qu'une arme sauvage au bénéfice d'une liberté aveugle, destructrice de la société, des liens et des solidarités qui la font tenir. Quand tout s'achète, il n'y a plus de principe et de valeur qui vaille, et la loi elle-même ne vaut plus rien. La fiscalité n'est pas l'ennemie de la liberté, qui comprend celle de s'enrichir. Mais elle civilise cette liberté individuelle en l'insérant dans une relation collective où chacun, à la mesure de ses moyens, contribue à la richesse nationale, afin qu'il y ait des écoles, des hôpitaux, des routes, etc., dans l'espoir qu'ainsi personne ne sera laissé en dehors de la cité commune.

Cette alarme contre la fraude et l'évasion fiscales relevait des travaux pratiques d'une politique sans ambiguïté du New Deal vis-à-vis de la taxation des plus riches. « Les impôts sont les cotisations que nous payons pour jouir des privilèges de la participation à une société organisée », déclarait Roosevelt en 1936, deux ans après le vote du Revenue Act qui remit à plat les règles d'imposition des hauts revenus. Les personnes gagnant plus de 200 000 dollars (soit un million de dollars aujourd'hui) par an furent alors taxées à hauteur de 63 %. La loi fut révisée en 1936, augmentant le taux à 79 %, qui atteindra même 91 % en 1941. Pendant près d'un demi-siècle, soit jusqu'à la contre-révolution reaganienne et thatchérienne, les États-Unis connaîtront un taux marginal d'imposition sur les très hauts revenus proche de 80 %.

Mais il ne suffit pas d'imposer plus fortement les plus riches : il faut aussi, sinon surtout, empêcher qu'ils fraudent et que leurs fortunes s'évadent, de même que les délinquants fuient la juste rigueur de la loi et que le crime prolifère à l'abri d'une économie parallèle. Et ce n'est pas une petite affaire tant, ces quarante dernières années, l'évasion fiscale n'a cessé de gangrener le cœur de l'économie mondiale, de se professionnaliser financièrement et de se barricader juridiquement, au point de devenir une citadelle imprenable, opaque et secrète à la manière d'un trou noir où s'abrite, se renforce et se conforte une dangereuse « mafiosisation » du monde.

Affirmer ce lien d'essence entre parti de l'argent et parti du crime, entre des organisations qui, par-delà leurs dissemblances, la respectabilité des unes, la clandestinité des autres, n'ont d'autre loi que le profit et d'autre règle que le secret, n'est pas un propos d'illuminé ou d'agité. Dans son fameux discours du 31 octobre 1936, au Madison Square Garden, à la veille de sa réélection, Roosevelt lui-même n'y avait pas été par quatre chemins. S'en prenant aux « vieux ennemis de la paix », dont au premier chef « le monopole industriel et financier, la spéculation, la banque véreuse », le leader démocrate poursuivait ainsi : « Ils avaient commencé à considérer le gouvernement des États-Unis comme un simple appendice à leurs affaires privées. Nous savons maintenant qu'il est tout aussi dangereux d'être gouverné par l'argent organisé que par le crime organisé. »

L'argent organisé à même enseigne que le crime organisé, clamait Roosevelt, allant bien au-delà de cette « finance anonyme » évoquée comme son « ennemi » par le candidat François Hollande. Pas si anonyme et, surtout, criminelle ! De fait, le ministre des Finances déjà cité, Henry Morgenthau, ajoutera à sa lutte contre la fraude et l'évasion fiscales le combat contre la corruption et le crime organisé. Que diraient aujourd'hui ces réformateurs radicaux, convaincus que l'exigence démocratique n'était pas l'affaire des tièdes, au spectacle des dérégulations ultralibérales qui, en quelques décennies, nous ont légué un monde où l'argent est roi et le crime son maître ? Oui, le crime, c'est-à-dire le refus des lois et la violation des règles, dans un climat de lâcheté et d'indécence, de renoncement des États et d'arrogance des oligarques. Et un crime que la crise, loin de le faire reculer, a conforté.

Car telle est la réalité de notre monde devenu la proie d'un capitalisme sans entraves : les paradis fiscaux en sont le cœur. Non pas la marge, l'exception ou la dérive, mais la norme. Ce noir tableau est brossé par Nicholas Shaxson, le journaliste déjà cité, auteur de la plus récente bible sur le sujet : « Les paradis fiscaux sont partout. Plus de la moitié du commerce international – du moins sur le papier – passe par eux. Plus de la moitié de tous les actifs bancaires et un tiers des investissements directs à l'étranger des multinationales transitent par des centres financiers offshore. Environ 85 % des opérations bancaires internationales et des émissions d'obligations sont effectuées via ce que l'on appelle l'Euromarket, un espace offshore apatride. Le FMI a évalué en 2010 que le bilan cumulé des petits paradis fiscaux insulaires s'élevait à 18 000 milliards de dollars – une somme équivalente à un tiers du PIB mondial –, précisant que ce montant était sans doute sous-estimé. La Cour des comptes américaine a révélé en 2008 que 83 des plus grandes entreprises du pays possédaient des filiales dans les paradis fiscaux. L'année suivante, une enquête du Tax Justice Network nous a appris que 99 des 100 plus grandes entreprises européennes avaient recours à des filiales offshore. Dans chaque pays, les banques sont les sociétés qui, de loin, recourent le plus aux paradis fiscaux. »

Les travaux pionniers de Gabriel Zucman, jeune chercheur de l'École d'économie de Paris, ont permis d'évaluer ce qu'il nomme « la richesse manquante des nations » : environ 8 % du patrimoine financier des ménages est détenu dans des paradis fiscaux à l'échelle mondiale. « Fin 2008, expliquait-il dans un entretien au site *La Vie des idées,* le patrimoine financier des ménages – c'est-à-dire les dépôts bancaires, les portefeuilles d'actions, les placements dans des fonds d'investissement et les contrats d'assurance-vie détenus par les ménages du monde entier – s'élevait à 75 000 milliards de dollars. Les ménages détenaient donc environ 6 000 milliards de dollars dans les paradis fiscaux. » Dans une nouvelle étude, datant de septembre 2012, Gabriel Zucman et son collègue Niels Johannesen montrent que la prétendue action des États membres du G 20 contre les paradis fiscaux « a jusqu'à présent largement échoué » : « Il y a autant d'argent dans les paradis fiscaux aujourd'hui qu'en 2009, et les fonds se déplacent vers les paradis fiscaux les moins coopératifs. »

Qui sait, par exemple, qu'un minuscule archipel caraïbe, les îles Caïmans, est aujourd'hui le quatrième centre financier mondial ? Christian

Chavagneux et Ronen Palan lancent cette question en ouverture d'un précis très pédagogique sur *Les Paradis fiscaux*. Depuis, la dernière campagne électorale américaine a fait sortir ces îles de l'ombre discrète qui les abritait, avec une cascade de révélations sur la fortune qu'y avait amassée et cachée le candidat républicain Mitt Romney. Les paradis fiscaux, expliquent Chavagneux et Palan, c'est « la part d'ombre de la mondialisation » : « Ils en nourrissent l'opacité, l'instabilité – ils ont été l'un des acteurs de la grande crise financière de la fin de la première décennie deux mille – et l'inégalité en servant d'abord les plus puissants de ses acteurs. » Mais, au fur et à mesure que s'étend et s'approfondit la crise, l'ombre gagne sur la lumière.

À l'été 2012, Tax Justice Network a démontré que les évaluations officielles des organismes internationaux sous-estiment le poids des paradis fiscaux. Selon ce réseau indépendant pour la justice fiscale, les actifs financiers qui y sont cachés ne seraient pas autour de 17000 milliards d'euros, chiffre déjà incommensurable, mais de 25500 milliards de dollars, soit plus que l'addition des PIB des États-Unis et du Japon ! Et encore ne sont comptés là que les actifs financiers, sans prendre en compte tous les autres actifs dissimulés via les paradis fiscaux, investis dans la réalité matérielle, de l'immobilier aux yachts, des écuries de course aux œuvres d'art, etc. L'erreur de perspective serait de croire qu'il ne s'agit là que d'actes individuels, ceux de particuliers violant les lois de leurs nations pour mieux s'enrichir. La vérité, c'est qu'il s'agit du système tout entier, des grandes entreprises aux grandes banques qui, toutes, ont organisé leur prospérité sur l'illégalisme des places offshore.

Ainsi les établissements bancaires qui ont bénéficié, sans contrepartie véritable, du secours de l'argent public depuis 2008 ont tous continué à prospérer dans les paradis fiscaux. Un récent rapport de CCFD-Terre Solidaire a révélé que la présence des banques françaises dans les paradis fiscaux a augmenté malgré, ou plutôt grâce à la crise. Sur 7 banques étudiées, on compte 547 filiales dans les paradis fiscaux, soit près de 21 % du total de leurs filiales. Les banques françaises, notamment BNP-Paribas, Crédit agricole et Société générale, comptent ainsi 24 filiales dans les Caïmans, 12 dans les Bermudes, 19 en Suisse, 29 à Hongkong et 99 au Luxembourg !

Mais il n'y a pas que les banques : comme le démontrent Chavagneux et Palan, « les grandes entreprises gèrent désormais leur trésorerie et leurs politiques de financement par l'intermédiaire de filiales situées dans les paradis fiscaux qui centralisent les transactions de prêts, d'emprunts, de répartition mondiale des bénéfices, etc., pour l'ensemble du groupe». C'est ainsi qu'on aboutit à ce paradoxe qu'en 2008, par exemple, le premier investisseur étranger en France n'était autre que.. la France, les multinationales françaises investissant dans leur propre pays via leurs filiales non-résidentes situées dans les paradis fiscaux, et ce à un niveau plus important que les investissements des multinationales étrangères en France !

Derrière ces chiffres et ces pratiques, il y a tout simplement le vol d'une grande part de la richesse nationale qui, détournée et cachée, n'est pas redistribuée pour le bien commun. Dans sa récente enquête sur l'évasion fiscale en France, qui a provoqué l'ouverture d'une information judiciaire en 2012 visant la banque suisse UBS, laquelle bénéficia longtemps de hautes protections, le journaliste Antoine Peillon affirme, sans être démenti ni contredit, que « les avoirs dissimulés au fisc français sont presque de l'ordre de toute la recette fiscale annuelle du pays » et que l'évasion fiscale, individus et entreprises confondus, « s'élève au minimum à 590 milliards d'euros, dont 108 milliards rien qu'en Suisse ».

Loin d'être secondaire, la question de la fraude et de l'évasion fiscales – et donc de sa révélation au grand jour – est un enjeu décisif du redressement économique et financier, social et moral de nos nations. Au-delà de la légitime surtaxation des revenus les plus élevés, c'est une arme pédagogique formidable dans le combat inégal entre les aspirations populaires et les prévarications oligarchiques. En 2012, le rapport, incontestable et incontesté, d'une commission d'enquête sénatoriale sur l'évasion des capitaux et des actifs hors de France et ses incidences fiscales a montré que la fuite vers les paradis fiscaux provoque chaque année un manque à gagner d'au moins 40 voire 50 milliards pour le budget de la France !

Cette fraude est nichée au cœur de l'Europe avec, outre la Suisse, des acteurs comme le Luxembourg et la Belgique qui font partie des six membres fondateurs de l'Union européenne. Tandis que le premier détenteur de la dette publique américaine est l'ensemble des investisseurs situés dans les paradis fiscaux, les trois premiers pays où sont localisés les investisseurs qui détiennent la dette publique française ne sont autres que le Luxembourg, les îles Caïmans et le Royaume-Uni.

Les sénateurs français ont entendu le magistrat financier Renaud Van Ruymbeke, initiateur avec d'autres, en 1996, de l'appel de Genève contre l'opacité financière des paradis fiscaux. À l'époque, a-t-il confié, il n'avait pas trop pris au sérieux la remarque d'un de ses collègues suisses qui lui disait : « Le gros problème, c'est la fraude fiscale. » Seize ans plus tard, il ne dirait plus que « la fraude fiscale est une chose, la criminalité organisée en est une autre » : « En réalité, même si la criminalité organisée ne représente que 1 % à 5 % de l'évasion fiscale, ces deux pratiques ont en commun un certain nombre d'outils que l'on pourrait appeler, sans aucune connotation politique, le libéralisme ou la mondialisation financière. [...] Dès que l'argent franchit les frontières, la loi de la jungle prévaut. »

S'il fut une vertu démonstrative des révélations de Mediapart depuis sa création en 2008, c'est de mettre au jour cette réalité. Apparemment, il n'y a pas de criminels endurcis parmi tous les protagonistes de nos enquêtes les plus spectaculaires, dont cet inventaire donne un aperçu : des fonctionnaires de l'Armement et des Finances, du ministère de la Défense et de celui de l'Économie ; l'héritière Liliane Bettencourt et son entourage dans la haute société, d'avocats, de financiers, de notaires, de brasseurs d'affaires et de politiciens professionnels ; le réseau constitué par Ziad Takieddine où l'on croise notamment François Léotard, Nicolas Bazire (numéro deux de LVMH, numéro un mondial du luxe et groupe de Bernard Arnault), Nicolas Sarkozy, Édouard Balladur, Jean-François

Copé... Pourtant, toutes nos enquêtes ont dévoilé le recours massif à des paradis fiscaux, une pratique généralisée de fraude et d'évasion fiscales, en somme l'habitude, dans ces milieux privilégiés, de la violation de la loi commune et, plus encore, une acceptation culturelle de cet illégalisme comme allant de soi.

Grande figure de la magistrature indépendante en Italie, ayant fait du combat judiciaire contre la mafia l'engagement d'une vie au service du bien commun, à l'instar de ses collègues Paolo Borsellino et Giovanni Falcone assassinés en 1992, le procureur Roberto Scarpinato aime rappeler que le véritable pouvoir, celui de l'argent comme celui du crime – qui se confondent, se rejoignent ou se croisent souvent –, est toujours obscène, au sens étymologique de ce mot : *ob scenum* en latin, c'est-à-dire « hors scène ». Car le secret est l'obscénité foncière de ce pouvoir, et c'est bien pourquoi, dès qu'il est mis à nu, comme dans les enregistrements du majordome des Bettencourt ou dans les documents Takieddine révélés par Mediapart, sa réalité vraie, son avidité, sa brutalité et sa vulgarité nous sidèrent et nous stupéfient. Sur scène, dans ses lieux institutionnels, ce pouvoir met en avant l'apparence d'une représentation destinée au public. Hors scène, il se livre à ses trafics, combines et arrangements au nom de ses intérêts bruts et brutaux, sans aucune fioriture.

Extraordinaire réflexion à haute voix de Scarpinato sur la « mafiosiation » d'un monde dérégulé, comme sorti de ses gonds, *Le Retour du Prince* est un livre incontournable pour comprendre de quoi le mot mafia est devenu le nom commun : d'un monde, le nôtre, où le conflit d'intérêts, cette prolifération des intérêts privés à l'abri de l'intérêt général, est de fait institutionnalisé ; où l'abus de pouvoir est ainsi légitimé, par accoutumance et résignation ; où la corruption devient « un code culturel qui façonne la forme même de l'exercice du pouvoir » ; où les plus hautes classes dirigeantes et possédantes pratiquent sans vergogne l'illégalité pour elles-mêmes.

Selon Scarpinato, la mafia des tueurs, cette « mafia militaire » issue des milieux populaires que chroniquent les médias, fait écran à la « haute mafia » qu'il a su démasquer au risque de sa vie dans ses enquêtes : ces politiciens, notables et financiers qui en sont les véritables bénéficiaires. L'Italie mafieuse ne vous est pas étrangère, lancent à la face de l'Europe et du monde aussi bien Roberto Scarpinato que le journaliste Roberto Saviano, l'auteur du désormais célèbre *Gomorra*. Ce dernier ne cesse de s'étonner de l'indifférence ou de l'inconscience françaises vis-à-vis de la très concrète présence des diverses mafias italiennes en France, qui va de pair avec notre complaisance pour la criminalité corse. « Voilà ce qu'est la France, aujourd'hui : un carrefour, un lieu de négociations, de réinvestissement et d'alliances entre cartels criminels », écrit Saviano en préface de l'édition française de son dernier livre. Mais, surtout, insiste-t-il, cette extension des mafias d'en bas va de pair avec les pratiques mafieuses d'en haut. C'est ainsi, souligne Saviano, que le système bancaire international n'a guère fait la fine bouche, depuis la crise de 2008, pour récupérer et blanchir l'argent du crime afin de renflouer ses caisses et de trouver des liquidités.

Plus que jamais, devant ces corruptions qui minent la démocratie, la discréditent et la dévitalisent, le droit de savoir accordé aux citoyens et la liberté de l'information portée par la presse doivent être défendus, étendus et renforcés. « Tout itinéraire de libération, personnelle ou collective, implique un processus de déstructuration des impostures culturelles qui imprègnent notre vie dès le plus jeune âge, écrit Roberto Scarpinato. Voilà pourquoi le combat pour la construction d'un pouvoir au service des hommes, et non sur les hommes, passe forcément par le champ du savoir : tant qu'on ne construit pas un savoir libéré des chaînes du pouvoir, celui-ci se perpétue, égal à lui-même, maintenant les individus dans cette illusion qu'ils se déterminent de manière autonome. »

Savoir, donc. Démasquer l'imposture. Percer le secret. Regarder la réalité. Affronter la vérité.

5.

Vérité

« Les convictions sont des ennemis de la vérité plus dangereux que les mensonges. » C'est dans *Humain, trop humain* (1878-1879), sous-titré « Un livre pour les esprits libres », que l'on trouve cette pensée fulgurante de Friedrich Nietzsche. Au seuil de l'ère médiatique, alors que la presse de masse, devenue bon marché grâce à l'invention de la rotative et de l'électricité, prenait tout juste son essor, le philosophe allemand formulait, avec cet aphorisme, une question théorique d'immense portée pratique si l'on admet que construire une société commune suppose de s'accorder sur des informations véridiques.

Suis-je prêt à accepter des faits qui dérangent mes convictions ? Des réalités documentées qui bousculent mes préjugés ? Des révélations qui ébranlent mes certitudes ? Des informations qui contredisent mes croyances ? Spontanément, « non » est la seule réponse sincère. Car nous sommes tous tissés d'opinions qui tiennent aussi bien des appartenances que des raisonnements, des apprentissages que des héritages, des identités et des cultures, des savoirs et des expériences, des ignorances comme des connaissances. Or, ce que Nietzsche nous met sous les yeux, c'est que, bien plus sûrement que des mensonges dont nous ne serions pas comptables, ce sont ces opinions, dont nous sommes les premiers convaincus tant elles semblent nous appartenir, qui risquent de nous empêcher d'accueillir des vérités, de les admettre et de les reconnaître.

Au croisement de la culture démocratique d'une nation et de la culture professionnelle d'un métier, la question de la vérité est l'enjeu décisif, aussi complexe que primordial. Comment informer vrai ? Quelles sont les conditions de production de vérités honnêtes, loyales, pertinentes ? Comment installer une relation de confiance entre un journal et son public qui lui permette de produire des vérités qui dérangent ses lecteurs, leurs sensibilités ou leurs engagements ? Comment faire pour que cette quête incessante, toujours inachevée et toujours recommencée, d'un horizon de vérité soit solidement installée au cœur de la vitalité démocratique ?

C'est ici que le journalisme atteint son propre moment de vérité. Car le droit de savoir des citoyens a longtemps été éclipsé par une autre liberté fondamentale, la liberté d'expression, avec laquelle il est encore, trop souvent, confondu. Or la liberté de l'information ne se réduit pas au pluralisme des opinions. Il ne suffit pas de croire que l'on pense politiquement juste pour informer vrai. C'est même souvent tout le contraire. Ainsi que le soulignait Nietzsche, nos convictions peuvent nous aveugler plus sûrement encore que des mensonges. Dès lors, garantir vraiment le droit de savoir du public, c'est créer les conditions d'un journalisme qui réussisse à trouver, traiter, diffuser, imposer et assumer des informations qui dérangent ses propres fidélités ou convictions, préjugés ou certitudes – et, ainsi, ceux de son public. D'un journalisme qui, dans sa pratique professionnelle collective, parvienne à penser contre soi-même; et sans doute n'y a-t-il pas de défi plus difficile et, parfois, plus douloureux.

Même si elles sont toutes deux composantes de la sphère publique, l'opinion ne se confond pas avec l'information. Et c'est pour cela précisément qu'il y a des journalistes, un métier défini, une profession particulière, des droits et des devoirs spécifiques. Nous voici au plus près d'une des causes de la double crise qui, de nos jours, malmène les travailleurs de l'information : crise de confiance du public envers les journalistes et crise d'identité des journalistes vis-à-vis de leur métier. Car, jusqu'aux bouleversements induits par la révolution numérique, les journalistes s'étaient arrogé un droit qui ne leur appartenait pas. Ils monopolisaient la liberté d'expression, soit pour leur compte, soit comme intermédiaires – éditorialistes, commentateurs ou médiateurs.

Pour s'exprimer dans l'espace public, pour défendre son point de vue, pour faire connaître sa cause, le citoyen devait passer par un journaliste, ses tribunes, ses micros, ses caméras. Un droit de tous devint ainsi le privilège de quelques-uns, détourné par une minorité de professionnels qui, du coup, se sont institués en faiseurs d'opinion, directeurs de conscience et arbitres des élégances, sermonneurs ou prédicateurs. Or l'avènement d'Internet change radicalement la donne : potentiellement, n'importe quel citoyen peut désormais s'exprimer directement, briser l'indifférence médiatique, dévoiler l'ignorance journalistique. Du coup, détrôné, critiqué ou concurrencé, le journaliste est déstabilisé, comme s'il était tombé de l'estrade, quittant la position avantageuse et confortable qui le plaçait en surplomb de son public.

Ce n'est pas seulement une bonne nouvelle pour la démocratie, les citoyens reconquérant l'exercice plein d'une liberté qui leur appartient en propre. C'est aussi une excellente nouvelle pour le journalisme lui-même qui est ainsi remis à sa place, à sa juste place. Comme tout un chacun, les journalistes ont des opinions, partagent des convictions, épousent des préjugés. Mais ce n'est pas ce qui les définit professionnellement. La finalité de leur métier est tout autre : c'est d'être au service du droit de savoir des citoyens afin qu'ils soient libres et autonomes en leur apportant des informations d'intérêt public. Autrement dit, même s'ils en ont le droit au même titre que n'importe qui, leur rôle social, recouvrant à la fois leur responsabilité professionnelle et leur mission démocratique, n'est pas spécialement d'exprimer des opinions, mais spécifiquement de produire des vérités. Des vérités de fait.

On doit à la philosophe américaine Hannah Arendt la démonstration la plus aboutie du rôle vital en démocratie de ces « vérités de fait ». Des vérités au pluriel et sans lettre capitale, modestes et fragiles, diverses et plurielles, précieuses et périssables. Cette théorisation se trouve dans *Vérité et politique*, une réflexion initialement parue dans *The New Yorker* le 25 février 1967, puis reprise en 1968 dans un recueil intitulé *La Crise de la culture* et, ensuite, prolongée par *Du mensonge en politique*, publié le 18 novembre 1971 dans *The New York Review of Books*. Ces textes constituent une sorte de manifeste philosophique du journalisme, trop ignoré hélas en France dans l'enseignement des formations professionnelles qui préparent à ce métier.

Arendt distingue deux types de vérités produites par le cerveau humain : les vérités de raison et les vérités de fait. Les premières tiennent du faux ami, tant elles peuvent être aussi bien déraisonnables que pertinentes, rationnelles ou folles, spéculatives ou déductives, cohérentes ou bancales, etc. Tout le propos de la philosophe est de mettre en évidence qu'un monde où ne régneraient plus que ces vérités-là ne serait pas un monde commun, chacun campant sur ses certitudes. Les miennes contre les tiennes, ma conviction contre ton opinion, ma croyance contre ton préjugé, mon appartenance contre ton identité, ma religion contre ta communauté, mon histoire contre ta culture, mon savoir contre ton expérience, et ainsi de suite à l'infini : cet engrenage infernal, nous dit Arendt, serait celui de la guerre de tous contre tous. Et la fin de tout espoir d'un monde commun.

« La liberté d'opinion, écrit-elle, est une farce si l'information sur les faits n'est pas garantie et si ce ne sont pas les faits eux-mêmes qui font l'objet du débat », et c'est pourquoi les vérités de fait sont « les vérités politiquement les plus importantes ». Pour approcher, construire et reproduire cet idéal d'un monde partagé, il nous faut donc réussir à mettre au centre de la discussion les vérités de fait : faire en sorte que la raison se confronte aux faits pour empêcher qu'elle déraisonne. Autrement dit contraindre le débat d'opinion à avoir pour matière première ces faits sur le présent ou sur le passé que l'on nomme informations même s'ils bousculent son consensus, contredisent ses vulgates, dérangent son confort.

Or, nous alerte de façon prophétique Hannah Arendt, dans notre modernité apparemment surinformée, les vérités de fait sont plus fragiles et menacées que les vérités d'opinion. Car elles sont autrement difficiles à produire et à établir. « Elles sont plus vulnérables que toutes les espèces de vérités rationnelles prises ensemble. [...] Les chances qu'a la vérité de fait de survivre à l'assaut du pouvoir sont effectivement très minces ; elle est toujours en danger d'être mise hors du monde, par des manœuvres, non seulement pour un temps, mais, virtuellement, pour toujours. Les faits et les événements sont choses infiniment plus fragiles que les axiomes, les découvertes et les théories – même les plus follement spéculatifs – produits par l'esprit humain [...]. Une fois perdus, aucun effort rationnel ne les ramènera jamais. »

À l'époque où elle formula sa réflexion, la philosophe avait à sa disposition, outre les vérités étouffées par les démocraties au nom de la raison d'État – notamment les atteintes aux droits de l'homme dans des guerres contre la liberté des peuples, celles d'Algérie et d'Indochine par exemple –, le présent mensonger et le passé falsifié qui régentaient les dictatures des pays du socialisme réel. Mais, depuis la fin de l'Union soviétique et l'effondrement de ce camp supposé socialiste, nous savons, d'expérience vécue, que des puissances apparemment démocratiques, redevenues conquérantes et dominatrices, peuvent elles aussi agir dans cette illusion où la croyance remplace le savoir et l'idéologie la vérité.

C'est ainsi que, dans la décennie qui a suivi les attentats du 11 septembre 2001 à New York, les États-Unis d'Amérique ont engagé le monde, avec l'invasion de l'Irak, dans une guerre de civilisation dont le motif était un pur mensonge d'État devenu romance médiatique, démasqué depuis : l'existence d'armes de destruction massive – qui avaient été détruites par le régime irakien – et le lien entre le terrorisme islamiste et la dictature irakienne – qui n'avait pas l'ombre d'un fondement factuel ni même historique, idéologique ou culturel. Les tyrannies douces entrevues par Tocqueville, ces démocraties de basse intensité où le divertissement remplace la délibération tandis que le commentaire chasse l'information, s'accommodent d'immenses zones d'ombre où, parfois, la barbarie prend ses aises – ainsi de la torture légitimée et banalisée dans le secret de la lutte antiterroriste américaine aujourd'hui, comme elle le fut hier dans celui des guerres coloniales françaises.

De même que la réalité dépasse souvent la fiction, notre époque de guerres secrètes et de paradis fiscaux valide au-delà du raisonnable l'avertissement lancé par Arendt en 1967. « Même dans le monde libre, écrit-elle alors, où le gouvernement n'a pas monopolisé le pouvoir de décider ou de dire ce qui est ou n'est pas factuellement, de gigantesques organisations d'intérêts ont généralisé une sorte de mentalité de la raison d'État qui était auparavant limitée au traitement des affaires étrangères et, dans ses pires excès, aux situations de danger clair et actuel. » On comprend mieux, en lisant Arendt, pourquoi les apporteurs de mauvaises nouvelles que sont les journalistes dont les informations déplaisent ou dérangent sont souvent maltraités, insultés ou calomniés. Parce que l'on peut toujours s'arranger d'une opinion contraire alors qu'il est bien plus difficile de composer avec une information qui contredit un mensonge ou qui démasque une imposture.

« L'histoire contemporaine est pleine d'exemples où les diseurs de vérités de fait ont passé pour plus dangereux, et même plus hostiles, que les opposants réels », constate la philosophe qui souligne la relative solitude « du découvreur de fait, du témoin, du reporter », isolé par son indépendance à contre-courant des suivismes et des conformismes. *Vérité et politique* se termine évidemment par une défense vigoureuse du journalisme, presque dithyrambique au regard des manquements de la profession elle-même à cet idéal qui, pourtant, l'oblige. Sans les journalistes, conclut Arendt, « nous ne nous y retrouverions jamais dans un monde en changement perpétuel, et, au sens le plus littéral, nous ne saurions jamais où nous sommes ». Et d'insister pour qu'au nom de « cette fonction politique très importante qui consiste à délivrer l'information », la presse soit « protégée contre le pouvoir du gouvernement et la pression sociale encore plus soigneusement que ne l'est le pouvoir judiciaire ».

La liberté de la presse est trop essentielle pour reposer sur la seule libre concurrence des médias et le seul libre arbitre de leurs professionnels. En tant que droit fondamental des citoyens, c'est-à-dire « droit à une information véridique et non manipulée, sans quoi la liberté d'opinion n'est plus qu'une cruelle mystification », elle relève d'un écosystème démocratique qui la garantit, la conforte et la consolide, la renforce et l'accroît. Pourquoi faudrait-il louer le courage des journalistes qui sont simplement au rendez-vous du droit de savoir, bravant les pouvoirs établis en dévoilant leurs secrets indus, prenant des risques inconsidérés en affrontant des coalitions d'intérêts oligarchiques ? Ce compliment, dont Mediapart a parfois été le destinataire, fait autant pitié que plaisir. Car il prouve combien nous nous accommodons de nos faiblesses démocratiques.

Plutôt que d'encourager les francs-tireurs du journalisme, marginaux glorieux ou audacieux solitaires, c'est la démocratie tout entière qu'il faudrait encourager à être au rendez-vous de sa promesse et de ses idéaux. La démocratie, c'est-à-dire ses lois, ses institutions, ses pratiques, ses habitudes, ses responsables, ses élus, ses gouvernants, tous ses protagonistes et tous ses rouages. De façon à ce qu'elle accepte, facilite et favorise le surgissement de l'information dérangeante et de l'événement conflictuel, de l'imprévu et de l'inattendu, de l'improbable et de l'impensable. Car révéler, c'est tendre un miroir à la société pour qu'elle prenne vraiment conscience d'elle-même, au-delà des préjugés et des ignorances. C'est donc la mettre en mouvement en créant un déplacement des opinions qui ouvrira le champ des possibles, ébranlant les fatalités et les immobilités d'un monde sinon enfermé dans ses illusions ou ses mensonges.

Telle est l'utilité véritable du journalisme, acteur démocratique du scandale de la vérité. Elle est au ressort d'un métier dont l'éditorial, le commentaire ou le parti pris ne sont pas les genres essentiels. Ses armes premières sont l'enquête, le reportage et l'analyse. J'ai cherché, j'ai trouvé, et je vous démontre. J'ai vu, j'ai écouté, et je vous raconte. J'ai appris, j'ai compris, et je vous explique. Trois genres primordiaux, pas un de plus, où se joue notre défi professionnel : donner du sens, faire comprendre, offrir une intelligibilité, mettre en perspective, éclairer et approfondir. « Un journaliste en possession de faits est un réformateur plus efficace qu'un éditorialiste qui se contente de tonitruer en chaire, aussi éloquent soit-il », résumait au mitan du siècle dernier Robert Park, journaliste américain devenu sociologue emblématique à l'université de Chicago.

Que cet idéal à la fois professionnel et démocratique tienne du mythe de Sisyphe, souvent déçu et toujours recommencé, ne l'épuise pas pour autant. Car il recouvre un apprentissage politique élémentaire pour rendre une démocratie vivante : savoir affronter des difficultés, plutôt que les taire. Chien de garde de la démocratie, ainsi que l'a appelé la Cour européenne des droits de l'homme, le journalisme n'est pas là pour endormir avec les bonnes nouvelles qui aseptisent et rassurent. Sa pédagogie est d'inquiétude et de défi. Tout comme un élève ou un étudiant apprend en se coltinant des problèmes, en essayant de les résoudre et de trouver par lui-même les solutions, le peuple souverain progresse en découvrant ce qui contrarie la démocratie, en rencontrant des obstacles et en cherchant à les dépasser.

Voilà pourquoi nous avons besoin de journalistes qui réussissent à informer en toute indépendance et en toute rigueur, en toute audace et en toute exigence. Pour qu'ils fassent vivre, par leurs informations, ce scandale démocratique de la vérité, de ces vérités de fait qui vont bousculer nos opinions, nos convictions, nos fidélités et, par conséquent, nous mettre en mouvement, nous éveiller et nous réveiller. Et nous prouver ainsi que l'histoire n'est jamais totalement écrite par avance et que nous pouvons en être les acteurs, l'influer et l'orienter, en modifier ou en inventer le cours.

Si l'on s'en tient à l'artisanat du métier, produire des vérités de fait, c'est d'abord respecter toutes ces règles et opérations qui font les informations rigoureuses, honnêtes et loyales : vérifier, sourcer, recouper, confronter, contextualiser, etc. Mais encore faut-il que nous les obtenions ou les découvrions. Et c'est ici que se noue l'alliance entre citoyens et journalistes dont le secret des sources est le gardien, protégeant le droit d'alerte des premiers et soulignant la responsabilité principale des seconds.

Ce secret recouvre en effet deux exigences, l'une démocratique, l'autre professionnelle. N'importe quel citoyen a le droit de lancer l'alarme sur des questions d'intérêt public en s'adressant à la presse, faute d'autre recours. Il est témoin de faits qui le révoltent, l'indignent ou le choquent ; il n'a pas réussi à les faire prendre en compte par sa hiérarchie, par son entourage, par la justice ; il estime dès lors qu'ils doivent être rendus publics : une démocratie vivante lui offre la possibilité de saisir des journalistes sans s'exposer ni se mettre en danger.

Il incombe aux professionnels de l'information de le protéger en faisant vraiment leur travail. Cette deuxième exigence fait porter sur les journalistes la responsabilité première : c'est eux qui décideront ou non de rendre public ce qui leur a été confié, c'est eux qui estimeront ou non que l'information est légitime, c'est eux qui assumeront ou non le poids de sa révélation. Autrement dit, un journaliste qui ne serait que le relais passif d'une source, sans faire son travail de vérification, aurait manqué aux règles élémentaires de son métier. Le secret des sources, c'est donc à la fois le respect d'un principe démocratique essentiel – le droit d'alerte des citoyens – et le respect d'une exigence professionnelle tout aussi essentielle – le devoir de vérification des journalistes. Ces derniers rendent compte, dans l'espace public, de la légitimité de leurs informations : sont-elles d'intérêt public, concernent-elles la vie de la cité, sont-elles au cœur d'enjeux démocratiques ? Ils en assument la responsabilité, y compris juridique en cas de plainte ou de poursuite. Peu importent dès lors les motivations de leurs sources qui peuvent être diverses, grandioses ou mesquines, principielles ou intéressées, généreuses ou égoïstes. Seuls comptent la vérité des faits, le sérieux de l'enquête, la légitimité de l'information, la bonne foi du travail journalistique.

Aussi, quand, par un désastre devenu trop fréquent, des journalistes se livrent eux-mêmes à la chasse aux sources d'autres journalistes, concurrents ou dérangeants, afin de les discréditer ou de les contredire, ils prennent le risque de ruiner leur propre métier. De ce point de vue, notre époque un peu basse est oublieuse de précédents qui devraient la rehausser. Pendant la guerre d'Algérie, qui fut aussi une guerre civile faisant vaciller la République, on vit ainsi un journaliste officiellement infréquentable, puisque solidaire de la cause indépendantiste algérienne et ami de ses réseaux de soutien français, être défendu massivement par ses confrères, parmi lesquels des personnalités médiatiques aucunement radicales, voire proches du pouvoir gaulliste d'alors – nous étions en 1960-1961.

Georges Arnaud avait assisté à une conférence de presse clandestine de Francis Jeanson, organisateur des réseaux de soutien au FLN algérien, alors recherché par la police. Inculpé et emprisonné, sous l'accusation de non-dénonciation d'individu exerçant une activité nuisible à la défense nationale, il fut incarcéré deux mois à la prison de Fresnes et, finalement, condamné à deux ans de prison avec sursis, condamnation ultérieurement annulée par la Cour de cassation. Pourtant, lors de son procès, il reçut le soutien de Pierre Lazareff, alors figure centrale du journalisme parisien, de *France Soir* à « Cinq colonnes à la une ». Un principe, à la fois démocratique et professionnel, était en jeu sur lequel un journaliste professionnel ne pouvait transiger, quelle que soit, par ailleurs, sa sensibilité partisane.

Voici ce que déclara Lazareff dans sa lettre au Tribunal permanent des Forces armées qui jugeait Arnaud : « Garder le secret professionnel concernant la source des informations obtenues confidentiellement, tel est l'article 6 de la déclaration solennelle servant de préambule au code d'honneur des journalistes, adopté au dernier congrès de la Fédération internationale des journalistes. Je voulais, Monsieur le président, venir dire à la barre de votre tribunal qu'il n'y a pas un journaliste digne de ce nom qui ne soit d'accord avec le texte de cette déclaration et ne se sente engagé à la respecter. Il n'y a pas de liberté sans liberté d'information, et comment y aurait-il une liberté d'information si les journalistes étaient obligés de trahir ceux qui leur ont fait confiance ? S'il m'arrivait demain de savoir qu'un journaliste appartenant à un journal que je dirige avait trahi cette confiance, et par là notre éthique professionnelle, je considérerais cela comme une faute grave, et je m'en séparerais aussitôt. »

Sans leurs sources dont, pour cette raison même, le secret doit être immensément protégé, les journalistes ne pourraient approcher des vérités inédites, cachées ou dissimulées à la curiosité des citoyens. Mais il ne suffit pas qu'ils les trouvent et les dénichent, encore faut-il qu'ils puissent les faire admettre dans le débat public. De ce point de vue, notre jurisprudence républicaine est heureusement inspirée par un pragmatisme démocratique autrement plus vivifiant que l'ordinaire du débat politique sur les révélations journalistiques. Elle admet en effet la légitimité du conflit démocratique autour d'informations qui dérangent ou déplaisent. L'auteur d'un article diffamatoire, parce qu'il met en cause explicitement une personne, peut être relaxé s'il apporte la preuve de la vérité du fait diffamatoire ou s'il démontre la bonne foi de son travail journalistique. Bien que l'auteur de ces lignes en ait obtenu le bénéfice dans l'affaire dite des Irlandais de Vincennes, démontrant la réalité d'un montage gendarmique que jusqu'alors la justice avait ignoré, la première exception dite de vérité reste difficile à faire valoir, tant elle relève du parcours d'obstacles judiciaire.

Aussi nous importe-t-elle moins que la seconde, autrement subtile dans ses attendus. Cette exception de bonne foi est d'essence radicalement démocratique. Elle ne demande pas au journaliste de se convertir en policier qui confond ou en procureur qui accuse, en d'autres termes de prouver ou de condamner. Elle exige seulement de lui qu'il soit avec rigueur au rendez-vous de sa responsabilité professionnelle qui, ici, recouvre sa responsabilité juridique. Diffamer de bonne foi et, pour cette raison, être relaxé suppose d'avoir respecté cinq règles : il faut d'abord que le but poursuivi soit légitime, en d'autres termes que l'information soit d'intérêt public ; il faut ensuite que le sérieux de l'enquête soit attesté, par des démarches, des indices, des contacts, des documents, des traces, etc. ; il faut encore que le contradictoire ait été respecté, c'est-à-dire que la partie mise en cause ait été approchée et sollicitée afin de s'expliquer ; il faut aussi que la modération dans l'expression ait été observée dans le rendu de l'enquête, ses formulations et sa mise en scène ; il faut enfin que l'auteur de l'article en cause ne soit habité par aucune animosité personnelle, n'utilisant pas son pouvoir public de journaliste pour un règlement de compte privé.

Réclamer des preuves judiciaires à un journaliste qui révèle des vérités de fait, ainsi que ce fut le cas lors des polémiques médiatiques ayant suivi les révélations de Mediapart sur le compte suisse dissimulé d'un ministre socialiste du Budget, c'est avouer une bien faible culture démocratique, doublée d'une grande inculture journalistique. Le journalisme d'enquête met sur la table des informations d'intérêt public – en l'espèce, des indices, des pièces, des documents, des témoignages, des recoupements – dont il rend compte dans le cadre du droit de la presse qui protège, fût-ce avec imperfection et, parfois, insuffisance, son devoir d'alerte et de révélation. Il revient ensuite à une démocratie adulte de se saisir des faits qu'il dévoile, de les prendre en compte et d'agir en conséquence. En revanche, quand ces révélations tournent au face-à-face délétère entre le journaliste et le mis en cause, entre celui qui révèle et celui qui nie, c'est tout simplement que la démocratie est mal en point.

Ancrée sur les devoirs professionnels du journaliste, la jurisprudence de la bonne foi nous fait approcher cette évidence que la vérité de fait n'est pas une donnée brute qui vaudrait par elle-même, indépendamment du travail qui a permis de la produire. Pas de vérité évidente, encore moins transcendante, mais des vérifications et des recoupements minutieux qui, à la manière d'un puzzle, définissent les contours d'une réalité factuelle. Le critère de la vérité est l'enquête elle-même, ses conditions et ses opérations, sa fiabilité et son exhaustivité. Ainsi entendue, la vérité n'est pas un absolu, mais un vécu. Non pas un dogme impératif, mais une expérience choisie. Elle relève d'une exigence collective qui fut le propos du dernier cours de Michel Foucault au Collège de France en 1984, et par conséquent son dernier message.

Revisitant la scène grecque antique dans *Le Courage de la vérité*, le philosophe s'est interrogé sur « la vraie vie comme vie de vérité ». La démocratie, dans cet esprit, ce n'est pas simplement « tout dire », mais « tout dire, indexé à la vérité ». Ce n'est pas l'aveu, mais l'échange ; pas la confession, mais la relation ; pas la dénonciation, mais l'élévation. Bref, il s'agit de dire la vérité pour créer du lien et construire ensemble. « La *parrêsia,* explique Foucault, est le courage de la vérité chez celui qui parle et prend le risque de dire, en dépit de tout, toute la vérité qu'il pense, mais c'est aussi le courage de l'interlocuteur qui accepte de recevoir comme vraie la vérité blessante qu'il entend. » L'autre nom du pacte social, ce serait donc ce « pacte parrèsiastique » où la qualité de la démocratie se juge aussi bien à l'expression de la vérité qu'à sa réception, au risque pris par celui qui l'énonce et à la capacité d'écoute de ceux qui l'entendent, en somme à son interactivité.

Dans cette vie de vérité, telle que la décrit Foucault, il n'y a « pas de distinction, d'écart, de contradiction entre les actes et les paroles ». Surtout, insiste-t-il, elle nous propose une pratique de la vérité qui, à l'usage, se révèle « une pratique douce, une pratique curative et thérapeutique, une pratique de paix et non d'insultes et d'assauts ». Où l'on saisit, une fois encore, combien la situation archaïque faite au journalisme en France témoigne de notre grand retard démocratique. Reste à espérer, l'inquiétude étant après tout l'antichambre de l'espérance, qu'un sursaut collectif le rattrape, un jour prochain…

6.

Révolution

Au printemps 1968, on pouvait trouver en librairie à Paris un livre intitulé *La Presse, le pouvoir et l'argent*. Quarante-cinq ans après, nous sommes devant le même triple défi démocratique : la vitalité de la presse, son indépendance du pouvoir, son intégrité vis-à-vis de l'argent. Préfaçant cet ouvrage de Jean Schwœbel, militant pionnier des sociétés de journalistes, le philosophe Paul Ricœur réclamait déjà cette invention politique qui protégerait l'information des ingérences, celles de l'argent et du pouvoir, qui corrompent son nécessaire rôle de « service d'intérêt public ». Et il en soulignait l'enjeu démocratique face au risque que « la direction des affaires soit accaparée par des oligarchies de compétents », lesquels seraient notamment « associés aux puissances d'argent ».

« Partout, insistait-il, c'est la même confiscation. Et tout nous y incline : la complexité croissante des problèmes dans les sociétés industrielles avancées, la paresse des citoyens, leur appétit de bien-être sans trouble de pensée, la commodité des compétents eux-mêmes, l'intérêt des féodalités. La dépolitisation, dans son fond, n'est pas autre chose que cette démission de la plupart, réciproque de la confiscation de la décision par quelques-uns. C'est ici que l'information est condition de démocratisation : car qu'est-ce que la démocratie, sinon le régime qui assure au plus grand nombre – à la limite à tous –, à tous les degrés, la participation à la décision ? » Démentant momentanément ce sombre pronostic alors même qu'il était imprimé, l'heureux sursaut de Mai-68 n'aura pas suffi à éloigner définitivement ce spectre d'une confiscation. Tout au contraire, ses marionnettistes, oligarques du pouvoir et de l'avoir, entendent bien prendre leur revanche, rôdant aujourd'hui avec de plus en plus d'insistance.

Ils ont pour alliés les habituels ennemis intimes d'une information libre : le journalisme de gouvernement et la presse d'industrie. Le premier cherche sa légitimité par en haut, du côté des pouvoirs qu'il exprime, accompagne et reflète, plutôt que la construire par en bas, dans la connaissance de la société, de ses conditions et de ses attentes, au point de perdre dans ce choix funeste la confiance du public. La seconde accepte une confusion entre des activités contradictoires – les métiers de l'information et d'autres activités industrielles, commerciales ou financières – dont le mélange des genres, en prétendant la sauver, finit par la ruiner. Cette presse d'industrie, rappelait le fondateur du quotidien *Le Monde*, Hubert Beuve-Méry, dans une conférence de 1956 sur « La presse et l'argent », peut éventuellement produire, du moins en apparence, une information de qualité. Mais, ajoutait-il, « il suffit, et c'est là qu'est le mal, que cette information n'aille pas porter quelque préjudice à des intérêts très matériels et très précis ou, à l'occasion, qu'elle les serve efficacement ».

Le journalisme rencontrera toujours en chemin ces deux adversaires, les tentations qui les animent et les résignations qui les accablent. Aucune protection supérieure n'empêchera ses acteurs d'être individuellement requis pour leur résister, en s'efforçant de rester fidèles aux engagements pris par leur profession dans ces mêmes années soixante-soixante-dix du siècle dernier dont les promesses sont, pour nous, encore vivantes. « La responsabilité des journalistes vis-à-vis du public prime toute autre responsabilité, en particulier à l'égard de leurs employeurs et des pouvoir publics », énonçait ainsi, en 1971, la déclaration dite de Munich qui vaut charte déontologique des journalistes européens, après avoir rappelé que c'est du « droit public à connaître les faits et les opinions

[que] procède l'ensemble des devoirs et des droits des journalistes ».

Mais si cette mise à l'épreuve sera de toutes les époques, elle recouvre aujourd'hui des défis plus amples et plus décisifs. Nous vivons en effet des temps de révolution, objective, concrète et matérielle, qui, à l'échelle planétaire, cherchent à tâtons leur issue politique, entre chute dans la barbarie et sursaut dans la démocratie. À la charnière de deux siècles (XXe-XXIe) comme les précédentes, nous sommes contemporains, acteurs et témoins de la troisième révolution industrielle de notre histoire moderne, avec pour moteur technologique le numérique, succédant à la machine à vapeur de la première (XVIIIe-XIXe) et à l'électricité de la deuxième (XIXe-XXe). Qui dit révolution industrielle dit destruction de richesses existantes et création de nouvelles, bouleversements commerciaux et géopolitiques, ébranlement des usages culturels et des habitudes sociales, accélération du temps et réduction de l'espace.

Autant de défis qu'accentue, depuis 2008, la rencontre de cette révolution industrielle, dont Internet est le symbole quotidien tout comme la locomotive et l'automobile furent les emblèmes des deux autres, avec une crise historique du capitalisme. Pas un soubresaut banal, pas une récession temporaire, non, une crise systémique, profonde, durable, et qui n'a eu, elle aussi, que deux précédents d'une ampleur similaire. D'abord, celle de 1857, au XIXe siècle, qui amènera Karl Marx à, justement, étudier et problématiser le rôle des crises dans le capitalisme. Ensuite, celle de 1929 qui amènera John Maynard Keynes à penser et à théoriser la régulation par l'État de l'économie de marché. Toujours menaçante, cette crise historique ébranle en profondeur notre quotidien, la réalité du travail, du salariat, de l'emploi, du partage des richesses, des inégalités, etc., sans compter qu'elle se mêle à une autre crise, elle aussi explosive, la crise écologique, les deux convergeant dans une véritable crise de civilisation.

Enfin, et comme si nous n'avions pas notre compte, à cette révolution industrielle et à cette crise du capitalisme, il faut ajouter la fin, à la manière d'une longue et lente agonie, d'un cycle long, d'un cycle multiséculaire, celui de la domination sur le monde de l'Occident tel que l'Europe l'inventa et le projeta sur la planète entière. Nous vivons un décentrement du monde qui ébranle la relation construite depuis des siècles par les conquêtes, la colonisation, les empires, dans nos pays, avec l'ailleurs, avec le lointain, avec les autres, avec les étrangers. Nous vivons, pour le dire autrement, des temps désorientés, ceux d'un Occident qui a trop longtemps perdu son Orient et qui se voit aujourd'hui contraint de le retrouver, soit pour le redécouvrir, soit pour l'affronter, selon la réponse que nous donnerons, de relation nouvelle ou de guerre ancienne.

C'est à propos de cette réalité sans précédent que, logiquement, nous devrions entendre nos politiques, nos candidats, nos élus : quelle haute réponse nous proposent-ils face à ce triple bouleversement historique ? Quel horizon inventent-ils pour nous mettre en mouvement ? Quel rêve, quelle perspective, quelle mobilisation, quel optimisme nous proposent-ils pour éviter l'inquiétude, l'angoisse, la dépression ? Nous cherchons encore vainement leurs réponses tant, à force de reporter l'essentiel au nom de l'urgence, ils finissent par oublier l'urgence de l'essentiel. À moins que nous remplacions cette attente passive par l'invention active ; à moins que ce ne soit à nous, les peuples, d'apporter la réponse ; à moins que nous ne nous saisissions des immenses opportunités offertes par la révolution numérique pour tracer de nouveaux chemins d'espérance.

Ainsi le numérique est-il désormais un enjeu clairement politique. Ce n'est pas une simple querelle des anciens et des modernes, mais bien l'affrontement de nouvelles émancipations et de vieilles dominations. Et cette bataille est un révélateur impitoyable où, sous la détestation, la peur ou la crainte d'Internet, s'exprime une haine renouvelée de la démocratie. C'est une des caractéristiques des temps de transition, d'avenir incertain et de futur improbable : nombre de ceux qui sont habitués à diriger ou à posséder, et donc à ne pas craindre d'ordinaire les lendemains, deviennent soudain stupides et ignorants, laissant entrevoir, malgré leur intelligence supposée ou leurs diplômes avérés, une bêtise péremptoire ou une inculture confondante, par peur soudaine de l'inconnu. N'a-t-on pas entendu, de façon récurrente, des porte-voix du conservatisme français en ses divers atours appeler à la censure du net, décrit comme un repaire de terroristes, un nid mafieux, un refuge de psychopathes, de violeurs et de racistes ?

Cette arrogance imbécile trace une ligne de partage, comme l'on dirait une ligne de front, entre ceux qui diabolisent Internet, le réduisant à une grossière caricature, et ceux qui s'efforcent de le comprendre, observant avec précision son évolution, ses promesses et ses limites, ses richesses et ses manques, les pratiques qui s'y déploient et les passions qui s'en emparent. Parmi bien d'autres, trois ouvrages en offrent d'excellentes synthèses. Ni béats ni naïfs, leurs auteurs – Dominique Cardon, Patrice Flichy, Antonio Casilli – sont des sociologues expérimentés, évidemment avertis qu'aucune technique n'est libératrice par essence, mais selon les usages sociaux qu'elle favorise ou entrave. Or leur conclusion est qu'Internet offre d'immenses opportunités d'invention démocratique, à condition d'en respecter, défendre et préserver l'écosystème propre.

« Rarement la conception d'une technologie aura engagé autant de politique que celle d'Internet », écrit d'emblée Dominique Cardon dans *La Démocratie Internet*. Rappelant qu'Internet, loin d'être d'origine militaire comme on l'entend dire souvent, est né du bouillonnement libérateur des années soixante, c'est-à-dire de « la rencontre entre la contre-culture américaine et l'esprit méritocratique du monde de la recherche », le sociologue poursuit : « Internet aiguillonne toutes les expériences visant à dépasser la coupure entre représentants et représentés : délibération élargie, auto-organisation, mise en place de collectifs transnationaux, socialisation du savoir, essor de compétences critiques, etc. » Une « révolution », insiste-t-il, qui « est une aubaine dans la mesure où elle approfondit et complexifie le régime démocratique »: en élargissant formidablement l'espace public, Internet « constitue un laboratoire, à l'échelle planétaire, des alternatives à la démocratie représentative ».

La révolution numérique nous confronte à ce défi : inventer un nouvel âge démocratique dans l'approfondissement et l'enrichissement du précédent. Nos fatigues démocratiques témoignent de la crise de la représentation, à laquelle se limite pour l'essentiel notre pratique politique : déléguer son pouvoir à d'autres. Avec Internet, insiste Cardon, « la société démocratique sort de l'orbite de la politique représentative », mettant en évidence les limites de l'espace public traditionnel, à la fois autoritaire, élitiste et paternaliste. « Les procureurs de l'espace public numérique, ajoute-t-il, ne parlent jamais pour eux, mais pour les autres. Eux savent, contrôlent, trient la bonne et la mauvaise information, ne sont dupes de rien. Mais, autour d'eux, les gens sont naïfs, sectaires, versatiles et impudiques. Ce paternalisme est de moins en moins tolérable dans des sociétés qui s'individualisent en prescrivant la responsabilité, l'autonomie et la diversité. Internet est un instrument de lutte contre l'infantilisation des citoyens dans un régime qui est censé leur confier le pouvoir. »

Voilà de quoi ils ont peur – de nous, les citoyens –, et c'est pourquoi ils tentent de nous faire peur avec Internet. La conclusion de Dominique Cardon est sans appel : « La méfiance à l'égard d'une parole sans contrôle ni censure cache une méfiance plus grande encore à l'endroit d'une société auto-organisée. » Autre sociologue, Patrice Flichy, avec *Le Sacre de l'amateur*, aborde le même enjeu sous l'angle de « la démocratisation des compétences ». Le mot « expert », rappelle-t-il, n'a pas toujours eu la signification contemporaine de « spécialiste », sens réducteur qui met à distance le commun des citoyens. Sa signification traditionnelle était « rendu habile par l'expérience », acception prenant en compte à l'inverse cette « expertise quotidienne » qu'il y a chez tout individu, ces « arts de faire » où se joue « l'invention du quotidien », tous ces savoirs et ces compétences « qui sont bien distincts de l'expertise des élites ».

En troublant le jeu politique traditionnel et en bousculant ses acteurs professionnels, ce surgissement de l'amateur sur Internet évoque, selon Patrice Flichy, cette opinion publique populaire du XVIIIe siècle, bouillonnante et indisciplinée, aux langages aussi inventifs qu'indociles, transgressant les frontières dans lesquelles on voulait l'enfermer au point de réussir à enfanter la Révolution française. Ainsi, sous la question démocratique gît la question sociale, la première étant la condition nécessaire de la seconde. « La société des amateurs est une société plus démocratique, conclut Flichy. C'est une société où l'on considère que chaque individu possède une ou des parcelles de compétence, et que ces éléments peuvent être associés à travers des dispositifs coopératifs. [...] L'amateur fait descendre l'expert-spécialiste de son piédestal, refuse qu'il monopolise les débats publics, utilise son talent ou sa compétence comme un instrument de pouvoir. En définitive, il contribue à démocratiser certaines pratiques (artistiques, scientifiques ou politiques), comme le discours critique qui les accompagne. L'amateur oblige les créateurs et les producteurs à se soucier davantage de leur public, les élus à tenir compte en permanence des citoyens, les savants à imaginer d'autres scénarios, les médecins à soigner autrement. »

Avec *Les Liaisons numériques*, fruit d'une enquête de terrain sur les nouvelles sociabilités du net, un troisième auteur, Antonio Casilli, met en pièces les mythes associés à Internet et souvent retournés contre lui par ses détracteurs. Non, la Toile n'est pas « un empyrée immatériel fait d'octets » : virtuel et réel y fonctionnent en boucle, indissociables, les usages informatiques restant « inséparables des pratiques sociales ». Non, les identités réelles ne se dissolvent pas dans leurs avatars numériques : « moyens d'exprimer et de réaliser l'autonomie, le contrôle et l'efficacité auxquels les individus aspirent », ce sont aussi de nouvelles stratégies citoyennes ancrées dans un contexte historique inédit. Non, les technologies de l'information et de la communication, les fameuses TIC, ne sont pas, par nature, désocialisantes, les liaisons numériques permettant plutôt « de trouver et de maintenir la distance optimale avec les personnes qui peuplent notre vie ».

Bref, devenus de plus en plus objets de notre quotidien, les ordinateurs ne sont pas des chevaux de Troie qui nous mettraient en servitude, résume Casilli, « mais plutôt des fauves que les usagers sont capables de domestiquer – au sens propre du terme, en les intégrant à leurs habitats ». Rien de tout cela, évidemment, souligne-t-il pour finir, « ne doit nous rendre aveugles aux périls qui se nichent dans le numérique, surtout quand il est érigé en idéologie. Mais, avec ces périls, les citoyens actuels reçoivent aussi un nouvel assortiment de possibilités, tant sur le plan personnel que sur le plan collectif. C'est la forme même de notre être en société qui est remise en question. Et si cela comprend une partie de risques et de bouleversements, une place subsiste pour des éléments de surprise et de création de nouveaux espaces des relations humaines. »

Ces trois approches, différentes mais complémentaires, disent l'enjeu de la révolution numérique, et de la bataille qui commence juste. Car ce sont ces possibles, ces surprises et ces étonnements, ces inventions et ces créations que voudraient entraver, empêcher ou soumettre les tenants d'une contre-révolution numérique. En voulant soumettre

Internet à leurs intérêts oligarchiques, politiques et économiques, le normaliser et le contrôler selon des règles contraires à sa vitalité propre, c'est l'idée même d'une alternative au monde tel qu'il est, injuste et inégal, qu'ils entendent conjurer.

Avec près de deux milliards et demi d'utilisateurs au 30 juin 2012, soit un demi-milliard de plus en seulement deux ans, Internet est donc définitivement au cœur du nouveau monde qui s'annonce. Ce qui, en revanche, n'est pas définitivement joué, c'est de savoir qui, en fin de compte, entre puissances étatiques, intérêts marchands et exigences citoyennes, gagnera la bataille de ses usages, de leur protection et de leur contrôle. Mise en garde contre « le bluff technologique », l'œuvre pionnière de Jacques Ellul (1912-1994), penseur trop oublié aussi original qu'inclassable, nous avait amplement démontré que « la technique est l'enjeu du siècle ». Ni bonne ni mauvaise, mais ambivalente, elle peut aussi bien servir un « système technicien » dominateur et oppressif qu'être, au contraire, mise au service de l'homme, de ses besoins essentiels et de ses droits primordiaux, ainsi que des grands équilibres qui les garantissent. En somme, tout dépend de nous, de chacun et chacune d'entre nous. Tout, c'est-à-dire le pire ou le meilleur. Ce n'est pas une injonction idéaliste, mais plutôt une recommandation réaliste :

de catastrophes économiques en désastres guerriers, sans oublier les destructions écologiques, ne sommes-nous pas témoins de l'imprévoyance aveugle et de l'inconscience morale de nombre de ceux qui, de par le monde, nous dirigent ou le prétendent ?

Aussi importe-t-il, loin de toute fascination idéologique pour la technique et de toute vision absolutiste du numérique, d'y défendre avec acharnement l'essentiel des vieilles valeurs démocratiques et humanistes, de droits et de libertés. C'est de cette alliance du meilleur de la modernité technique et du meilleur de la tradition politique que peut naître un Internet réellement au service de ses usagers. La révolution démocratique qu'appelle la révolution numérique suppose, d'une part, de garantir à tous un accès libre à ce réseau sans frontières de communication et d'échange, de documentation et de partage, et d'autre part de faire en sorte que l'écosystème, aussi bien politique qu'économique, dont il relève soit le plus vertueux possible. La nécessaire neutralité du numérique – c'est-à-dire son libre accès, délivré de toute censure de ses opérateurs économiques – doit s'accompagner d'un véritable droit du public à l'information, indissociable d'une protection de la presse, quel que soit son support, contre les conflits d'intérêts qui corrompent son honnêteté et ruinent son indépendance.

Suivre cette voie du sursaut démocratique, c'est faire en sorte que les vérités de fait, leur production et leur discussion, retrouvent toute leur portée politique. Ce sont elles, nous l'avons dit, qui nous font réfléchir pour agir, qui nous font évoluer en nous dérangeant, qui modifient nos positions et nos attitudes, qui nous rassemblent par leur force démonstrative. Puisqu'elles sont bien plus fragiles et menacées que les vérités d'opinion tant elles dérangent nos conforts de pensée, il importe par-dessus tout de garantir, préserver et améliorer les conditions de leur révélation et diffusion. Sans elles, répétons-le, il n'y aurait plus de monde commun, de réflexions partagées, d'échanges rationnels, mais seulement l'affrontement général des idéologies, préjugés, croyances, convictions ou opinions. En somme, il n'y aurait plus de liens entre citoyens, plus de relation dans la cité, plus de communauté humaine. Mais la guerre de tous contre tous, avec la certitude de chacun de détenir seul la vérité vraie.

Or Internet est justement, par définition, l'univers du lien, de la relation et de la communauté. Du lien partagé, de la relation entretenue, de la communauté construite. L'invention du lien hypertexte aussi appelé « hyperlien » n'est-elle pas au ressort des fonctionnalités des sites numériques, de leurs références, documentations et interactions ? Reste à ne pas dégrader cet écosystème en préservant ce qui fait lien, précisément : le contenu même de l'échange, sa liberté et sa vitalité, son incertitude, son inventivité, son imprévisibilité, ses surprises et ses créations, ses tâtonnements et ses hasards, ses désordres et ses étonnements... En somme, relation est ici le maître mot, la clef, le nœud : qualité de la relation, intégrité de la relation, liberté de la relation, éthique de la relation, etc.

Dès lors, nul hasard si l'on doit à Édouard Glissant, avec cette acuité visionnaire propre aux poètes, quelques fulgurances sur Internet dans un passage anticipateur de son *Traité du Tout-Monde,* publié en 1997, à une époque où le net balbutiait encore. Toute l'œuvre de ce grand voyant est en effet ancrée sur une « philosophie de la Relation », où s'entrecroisent et s'enrichissent mutuellement poétique et politique. La Relation comme antidote à la domination et comme apprentissage de l'incertitude... Loin de certaines crispations académiques face aux ébranlements numériques, Glissant pressentait dans Internet le surgissement de l'imprévisible et du discontinu, ruptures qu'il accueille volontiers : « Si les sciences classiques avaient pour fin l'infiniment petit et l'infiniment grand, nous devinons que la science informatique ne considère que l'infiniment mouvant. [...] Internet déroule le monde, il l'offre tout dru. »

Dérouler le monde, c'est-à-dire le découvrir et l'accepter dans son infinie diversité, irréductible aux unicités qui voudraient le soumettre, le simplifier, le réduire et le normaliser : « C'est la diversité qui nous protège et, s'il se trouve, nous perpétue », ajoutait le poète, juste après avoir rappelé que « la pensée de l'Un, qui a tant magnifié, a tant dénaturé aussi ». « La pensée de la Relation, précisait aussi Glissant, ne confond pas des identiques, elle distingue entre des différents pour mieux les accorder. Les différents font poussière des ostracismes et des racismes et de leurs monogonies. Dans la Relation, ce qui relie est d'abord cette suite des rapports entre les différences, à la rencontre les unes des autres. » L'irruption d'Internet appelle donc une politique de la relation ouverte au tremblement du Tout-Monde, une invention collective qui ferait litière des pensées de système, de leurs calculs oppressants et de leur théorèmes oppresseurs. « Pour la première fois de leur histoire, poursuit Glissant, les humanités sont seules face à cette terrible présence : de devoir susciter d'elles-mêmes leurs éthiques, et plus communément leurs morales. »

Ainsi les défis posés par la révolution numérique nous obligent-ils à renoncer aux pensées habituées et à frayer des chemins pionniers. Et nous n'avons pas le choix, tant la catastrophe menace. Dans

Éthique, le dernier tome de *La Méthode*, œuvre au long cours aussi inclassable qu'anticipatrice, Edgar Morin s'alarme de l'aveuglement qui, régulièrement, met en péril nos sociétés. Faisant le constat que « les démocraties contemporaines sont en dépérissement », il y rappelle que « la démocratie est une conquête de complexité sociale » : « La démocratie fait de l'individu un citoyen qui non seulement reconnaît des devoirs, mais exerce des droits. Le civisme constitue alors la vertu socio-politique de l'éthique. Il requiert solidarité et responsabilité. Si le civisme s'étiole, la démocratie s'étiole. La non-participation à la vie de la cité, en dépit du caractère démocratique des institutions, détermine un dépérissement démocratique. »

Or l'une des causes de ce dépérissement est « l'élargissement d'un non-savoir citoyen », en d'autres termes la dépossession croissante des citoyens s'agissant des savoirs, connaissances et informations leur permettant d'influer sur les grands choix politiques : « Comme les développements de la techno-science ont envahi la sphère politique, le caractère de plus en plus technique des problèmes et décisions politiques les rend ésotériques pour les citoyens. Les experts compétents sont incompétents pour tout ce qui excède leur spécialité et rendent les citoyens incompétents sur les domaines scientifiques, techniques, économiques couverts par leurs expertises. Le caractère hyper-spécialisé des sciences les rend inaccessibles au profane. »

L'avènement d'une « démocratie cognitive » est la réponse que Morin appelle de ses vœux contre cette dépossession du savoir. Mais elle suppose de relier ce qui, aujourd'hui, est séparé, cloisonné et dispersé : « Tout regard sur l'éthique doit percevoir que l'acte moral est un acte individuel de reliance : reliance avec un autrui, reliance avec une communauté, reliance avec une société et, à la limite, reliance avec l'espèce humaine. [Or] notre civilisation sépare plus qu'elle ne relie. Nous sommes en manque de reliance, et celle-ci est devenue un besoin vital ; elle n'est pas seulement complémentaire à l'individualisme, elle est aussi la réponse aux inquiétudes, incertitudes et angoisses de la vie individuelle. »

Ainsi nos responsabilités sont-elles engagées dans ce défi où il s'agit de surmonter cette « peur de comprendre » qui, souligne Morin, nourrit l'incompréhension. Alliant liberté et solidarité, cette nécessaire « auto-éthique » est aussi bien une vertu individuelle qu'une vertu sociale : « La seule sauvegarde d'une très haute complexité, conclut-il, se trouve dans la solidarité vécue, intériorisée par chacun des membres de la société. Une société de haute complexité devrait assurer sa cohésion non seulement par de « justes lois », mais aussi par responsabilité/solidarité, intelligence, initiative, conscience de ses citoyens. Plus la société se complexifiera, plus la nécessité de l'auto-éthique s'imposera. »

Telle est, pour finir, la question politique qui est devant nous, individuellement et collectivement, et dont la réponse dépend d'abord de nous : allons-nous répéter et prolonger les vieilles dominations qui, régulièrement, conduisent l'humanité au bord du gouffre – verticalités politiques, autoritarismes policiers, méfiances envers la société –; ou bien allons-nous faire le choix de l'invention politique, en pariant sur la relation (entre individus, peuples, nations), la compréhension (des savoirs, connaissances, informations) et le partage (des pouvoirs, richesses et orientations) ? Allons-nous, dans le foisonnement infini des liaisons numériques, frayer ce chemin où s'invente en marchant une politique de la relation ? Ou bien allons-nous laisser saccager cet écosystème naturel du numérique par la construction effrénée d'autoroutes bitumées, de murs bétonnés et de miradors grillagés ?

Bien plus réaliste qu'utopique, tant les périls s'accumulent, cette espérance concrète a trouvé, grâce à la révolution numérique, son récit imaginaire en forme de fable politique. Il s'agit du film *Avatar,* de James Cameron, sorti en 2009. Œuvre née de nos modernes technologies, *Avatar* est en effet un plaidoyer contre l'aveuglement destructeur de la Domination et pour la lucidité créatrice de la Relation. Dans une stratégie du faible au fort, l'incertitude l'emporte sur les certitudes, le mouvement sur l'immobilité, la compréhension sur la croyance, l'ouverture sur la clôture, le déplacement et le décentrement sur les fixités et les replis.

Éminemment politique, cette nouveauté-là naît du lien retrouvé avec l'autre, qu'il soit animé ou inanimé, aussi bien l'homme, qu'auparavant l'on diabolisait et méprisait en le considérant comme un ennemi, que la nature qu'hier l'on saccageait et exploitait en la ravalant au rang de ressource. Avatar, ce vieux mot hindou du changement et de la transformation passé dans le langage contemporain du net, résume ce nouveau rapport au temps que nous offre le numérique, si nous savons en préserver l'écosystème naturel : contrairement aux idées reçues, non pas le temps court et immédiat, qui serait plutôt celui de la possession et de l'accumulation, de l'avidité et de l'impatience, mais ce temps long et étendu qu'offre la conversation patiente, la recherche précautionneuse, l'écoute attentive et l'attente généreuse.

Telle pourrait être l'une des définitions de l'éthique démocratique : préserver ce temps de la relation où se glissent les surprises de l'événement.

Le grain de sable

« Le vrai courage c'est, au-dedans de soi, de ne pas céder, ne pas plier, ne pas renoncer. Être le grain de sable que les plus lourds engins, écrasant tout sur leur passage, ne réussissent pas à briser. » Publié en 2009, un an après notre lancement, le manifeste de Mediapart, *Combat pour une presse libre,* se terminait par cette citation de Jean-Pierre Vernant, disparu en 2007. Ce n'était évidemment pas un hasard.

Philosophe et historien, résistant et militant, Jean-Pierre Vernant nous a légué cet idéal de vie, glissé au détour d'un discours de 1998 en République tchèque et repris en 2004 dans *La Traversée des frontières*. Cet homme pont qu'il fut plus que tout autre – « Entre les rives du même et de l'autre, l'homme est un pont » : ce sont les derniers mots de son dernier livre publié de son vivant – ancrait ce souci du lien et du passage, de la relation et du déplacement, dans une résistance entêtée aux conformismes et aux suivismes. En somme, un refus des immobilismes de pensée.

Cette éthique personnelle ne témoigne pas seulement de la cohérence d'un cheminement où, entre action et réflexion, se font sans cesse écho les engagements du citoyen et les curiosités du savant. Elle porte, plus largement, une leçon politique sous la forme d'une maïeutique de la démocratie. L'autonomie vis-à-vis du pouvoir, la responsabilité vis-à-vis du présent et la précaution vis-à-vis de la vérité en sont les trois principes, illustrés par Vernant lui-même dans les deux livres où, sous le titre générique de *Entre mythe et politique*, il s'est efforcé de rendre compte de ses itinéraires militant et intellectuel, sans jamais les dissocier.

Pouvoir, présent, vérité : il se trouve que ces trois notions rassemblent précisément les défis que doit affronter un journaliste si, du moins, il entend être au rendez-vous de sa responsabilité sociale. Trois défis indissociables, comme un enchaînement de conséquences, de l'indépendance du pouvoir à l'exigence de vérité en passant par le souci du présent.

Quand il revisite son engagement communiste, Vernant rappelle qu'il fut, de bout en bout, un « communiste critique ». Dedans et dehors, donc. Fidèlement communiste, résolument critique. Entièrement l'un et l'autre, tout à la fois. Les croyants qui, avec le même zèle de convertis, feront ensuite les plus virulents apostats ne pouvaient comprendre cette attitude mouvante et inclassable, qui se refusait aux identités uniques, univoques ou uniformes. L'intellectuel de pouvoir ne se déplace qu'avec les pouvoirs successifs qu'il courtise. Entre-temps, il se fixe et s'accroche, aliénant toujours sa liberté et, du coup, supportant rarement celle des autres.

Le communisme de Vernant est à l'opposé de cet « esprit de gramophone » qu'avait tôt diagnostiqué George Orwell, perçant à jour les mécanismes de domination encore à l'œuvre sous l'apparent désintéressement de l'engagement. Lucide sur ce qu'il nommera « le trou noir du communisme » – le stalinisme et ses divers avatars –, il n'a pourtant jamais regretté son choix, soulignant au contraire, non sans humour, combien son supposé « aveuglement » communiste lui avait donné « une lucidité assez grande » face au fascisme. Mais s'engager, c'était pour lui continuer à travailler l'écart où se creuse la connaissance et ne pas cesser de cultiver la confrontation où prend forme le sens. C'est ainsi que le communiste Vernant jugea « inadmissible » le soutien parlementaire du PCF au gouvernement Guy Mollet et son vote en 1956 des pouvoirs spéciaux pour la guerre d'Algérie. Tout comme le même communiste Vernant ne ménagea pas, en 1968, ses critiques face à des dirigeants du PCF « aveugles devant les événements » de Mai.

Vivre son présent en projet d'un avenir : ce pourrait être un résumé de cette dialectique de l'inquiétude et de l'espérance qui est au ressort de l'engagement. Chez Vernant, la conscience critique ne saurait être l'alibi des passivités et des prudences. Tout au contraire, elle est indissociable d'une volonté d'être au rendez-vous du présent, de ne pas chercher refuge dans d'autres temporalités protectrices et, par conséquent, d'affronter les urgences immédiates qui requièrent et obligent. On ne s'arrange pas avec le présent, on lui doit même des comptes. « Aujourd'hui, en quoi je suis et je reste un homme de gauche ? demandait-il. En ce que je suis concerné et mobilisé partout où je vois le fascisme pointer une de ses grandes oreilles. »

De l'expérience vitale du combat antifasciste, dont le souvenir tragique traversait ses réflexions sur la mort héroïque chez les Grecs – la « belle mort » –, Vernant avait gardé la certitude qu'en politique les catastrophes ne surviennent jamais à l'improviste et qu'elles sont toujours le fruit empoisonné de renoncements successifs et d'accommodements répétés quand, à l'inverse, les inventions novatrices relèvent de l'événement pur, inattendu et imprévu. Prendre soin du présent, être ponctuels à ses rendez-vous, ce n'est pas seulement s'efforcer de conjurer des catastrophes annoncées, c'est aussi travailler à ce que reste ouvert l'étroit passage par lequel peuvent surgir d'imprévisibles réveils et d'improbables sursauts.

Cette discipline, qui forge une façon d'être au monde et aux autres, suppose de vivre au péril de la vérité. Qu'il s'agisse de sa pratique savante ou de sa quête militante, Vernant aura toujours eu le même rapport à la fois désacralisé et respectueux, agnostique et méticuleux, avec l'exigence du vrai comme construction incessante d'une intelligibilité du réel, dans la contradiction et la confrontation. Pas de parole d'autorité, et donc pas de vérité révélée. Pas de système de pensée, et donc pas de vérité imposée. Pas de pensée de système, et donc pas de vérité obligée. Pour autant, aucun relativisme ni cynisme, mais l'obligation de chercher à tâtons ces vérités vérifiées, recoupées, sourcées, situées, contextualisées, etc., qui offrent un horizon de compréhension, une perspective de raison.

Le fil de raison qu'a tissé Jean-Pierre Vernant a pour point d'ancrage cette conviction que l'homme est responsable de sa liberté. Il y a, soulignait-il, un « idéal aristocratique dans la démocratie », fondé sur cette idée « que l'on est homme seulement si l'on est libre de la soumission à une autorité souveraine ». Ni le monde ni la vie n'ont de sens en dehors de celui que nous construisons par l'engagement de notre responsabilité. C'est alors que Vernant évoquait la dette et l'hospitalité. Notre dette des uns aux autres, infiniment, dans une chaîne sans fin ni frontière, dans l'espace comme dans le temps. Cette dette dont la conscience nous fera accueillir l'étrange et l'étranger, l'inconnu comme l'imprévu lorsqu'ils frapperont inopinément à nos portes.

À condition cependant que nous ayons appris à vivre en vérité. Et que, par conséquent, nous n'ayons pas renoncé à savoir.

Annexe

Mediapart avant Mediapart

Ce livre est issu d'une aventure collective qui a pour nom Mediapart, journal indépendant, numérique et participatif lancé le 16 mars 2008 (sur Internet à cette adresse : www.mediapart.fr*). Il est le fruit de son expérience et le produit de sa trajectoire. Pour pouvoir en juger librement, le mieux est de confronter les résultats aux intentions. C'est pourquoi je republie ici le premier éditorial où, le 2 décembre 2007, dans l'indifférence des grands médias, j'ai annoncé ce projet devenu aujourd'hui une référence aussi bien professionnelle que démocratique. Son titre : « Le prix de la liberté ».*

Nous avons besoin d'une nouvelle presse en France, et Mediapart est ce projet. Vous en découvrirez progressivement les contours sur ce pré-site, jusqu'à la sortie, début 2008, du site définitif. Né de la rencontre entre des professionnels du journalisme et des spécialistes du Web, il cherche à inventer une réponse aux trois crises – démocratique, économique, morale – qui minent l'information en France, sa qualité et son utilité, son honnêteté et sa liberté.

Notre présidentialisme exacerbé, qui réduit la politique de tous au pouvoir d'un seul, ruine l'esprit démocratique, corrompt l'indépendance des hommes et dévitalise l'expression de la liberté. Il impose son agenda à l'information, son omniprésence aux médias et son oligarchie financière aux entreprises de presse. Dans cette culture politique-là, un(e) journaliste est forcément un adversaire qu'il faut séduire ou réduire, vaincre dans tous les cas.

Économiquement, la presse quotidienne française est entraînée dans une spirale dépressive sans fin. C'est le règne du perdant-perdant : des déficits qui se creusent, des lecteurs qui s'en vont, des recettes publicitaires qui se réduisent et des plans sociaux qui se répètent, privant les journaux de leur capital le plus précieux – l'expérience de celles et ceux qui les font. Économie et politique vont de pair : une presse fragile est une presse faible.

Tout semble fait, aujourd'hui, dans ce pays-ci, pour démoraliser le journalisme, ses valeurs, ses idéaux, sa jeunesse en somme. Certes, les résistances ne manquent pas, au sein des rédactions, dans certains hebdomadaires ou sur les sites indépendants. Mais le rapport de forces général semble d'autant plus défavorable qu'à cette crise spécifiquement française s'ajoutent les bouleversements induits par la révolution industrielle dont Internet est le symbole. Les anciens modèles économiques volent en éclats, les vieilles cultures professionnelles sont déstabilisées et le journalisme de qualité peine à trouver ses marques dans ce tourbillon.

Face à ce triple défi, le projet Mediapart se veut l'invention d'une réponse en forme d'espoir : non seulement une presse éditorialement libre et indépendante économiquement, mais surtout une presse profondément repensée et totalement refondée. Ni sous-produit numérique de la presse papier, ni média de complément des titres existants, le rêve que nous caressons est la création d'un journal en ligne, de qualité et de référence, qui se suffise et vous suffise. Désormais soumis à vos avis, commentaires et contributions sur ce pré-site, l'avenir de ce projet est entre vos mains.

Le journalisme dont nous nous réclamons s'inscrit dans une longue tradition. Son ambition est de fournir les informations d'intérêt public qui nous sont nécessaires afin de rester libres et autonomes, maîtres et acteurs de nos destins, individuel et collectif. Sa première obligation est à l'égard de la vérité, sa première loyauté envers les citoyens, sa première discipline la vérification et son premier devoir l'indépendance. Mais il ne suffit pas de revendiquer cet héritage pour lui rester fidèle. Car notre métier ne peut plus être pratiqué d'en haut, tel un argument d'autorité qui ne souffrirait pas la discussion, ni entre nous seuls, comme une histoire pour initiés qui tiendrait à distance ses lecteurs.

Avec l'avènement du média personnel, la révolution d'Internet a fait tomber de son piédestal le journalisme qui prétendait avoir le monopole de l'opinion. S'il l'avait oublié, il lui a fallu réapprendre, parfois à ses dépens, que le jugement, le point de vue, l'analyse ou le commentaire, l'analyse et l'engagement, l'expertise et la connaissance ne sont pas sa propriété exclusive. C'est une bonne nouvelle, car le voici ainsi remis à sa juste place, celle qui fonde sa légitimité démocratique : chercher, trouver, révéler, trier, hiérarchiser, transmettre les informations, les faits et les réalités utiles à la compréhension du monde, à la réflexion qu'elle suscite et à la discussion qu'elle appelle.

En redonnant vigueur et force à ce travail d'information, d'enquête et d'explication, de terrain et de contextualisation, le projet Mediapart propose de défendre le journalisme tout en l'invitant à se remettre en cause dans un partenariat inédit avec des lecteurs contributeurs. L'univers francophone de l'information en ligne attend encore l'invention d'un site participatif de qualité et de référence, associé à un journalisme revendiquant les mêmes principes. Grâce à Internet, dire qu'une presse vraiment libre est celle de ses lecteurs fidèles peut ne plus être un vain mot, un argument démagogique ou un cliché commercial. Mais à condition d'échapper à la masse anonyme et de sortir de la foule vengeresse pour construire un public conscient et impliqué, partageant des valeurs communes et nouant une conversation démocratique.

C'est pourquoi le projet Mediapart s'avance à contre-courant de la vulgate dominante selon laquelle il n'y aurait qu'un modèle viable sur le Net, celui de l'audience et de la gratuité. D'abord, cette pensée unique repose sur un mensonge : le gratuit ne l'est pas, non seulement parce qu'il est financé par la publicité, mais surtout parce que vous ne cessez de payer, souvent trop cher, les équipements, les abonnements, bref les tuyaux qui donnent accès à ces contenus prétendument gratuits. Ensuite, elle véhicule l'illusion que tout se vaut puisque tout serait gratuit, le meilleur comme le pire, l'information pertinente comme la rumeur infondée. Enfin, dans sa course au plus grand nombre, elle tire vers le bas l'information, l'uniformise et la banalise, la malmène et la dévalorise.

Il en va ainsi de la liberté de l'information comme de sa valeur. Adhérer au projet Mediapart, c'est payer pour les garantir. C'est d'abord acheter la promesse d'une information exigeante, sans dépendance publicitaire ni courbe d'audience. C'est ensuite acquérir le droit de participer à un média totalement inédit, d'appartenir à sa communauté de lecteurs et de contributeurs, de faire vivre soi-même l'information, la réflexion et le débat. C'est enfin construire durablement l'indépendance de cette nouvelle presse, radicalement démocratique.

Il ne s'agit donc pas seulement de résister, mais aussi d'inventer. De découvrir de nouvelles terres, d'arpenter de nouveaux continents, de fonder de nouveaux modèles pour mieux sauver les traditions et les héritages qui nous tiennent à cœur. Ainsi, durant la longue marche qui nous a menés à ce projet, nous avons souvent pensé au *Combat* d'Albert Camus, ce quotidien issu de la résistance et né à la Libération quand brillait l'espoir de refonder la République par un surcroît de démocratie, de solidarité et d'humanité. « Notre désir, écrivait Camus dans *Combat,* le 31 août 1944, d'autant plus profond qu'il était souvent muet, était de libérer les journaux de l'argent et de leur donner un ton et une vérité qui mettent le public à la hauteur de ce qu'il y a de meilleur en lui. Nous pensions alors qu'un pays vaut souvent ce que vaut sa presse. Et s'il est vrai que les journaux sont la voix d'une nation, nous étions décidés, à notre place et pour notre faible part, à élever ce pays en élevant son langage. »

D'un siècle à l'autre et d'un média à l'autre, du papier au Web, le programme reste inchangé. Je ne sais si cette référence nous portera chance, puisque *Combat* fait partie de ces espérances trahies dont l'histoire de la presse est encombrée. Quand, refusant de se compromettre, Camus reprit sa liberté de journaliste, il eut ce mot : « Au moins, nous n'aurons pas menti ». D'ores et déjà, au seuil de cette aventure qui devient la vôtre, nous pouvons dire qu'au moins nous n'aurons pas renoncé. Mais, demain, quand vous aurez été nombreux à relever ce pari avec nous, à croire comme l'équipe qu'il rassemble à ce projet, à son ambition et à son réalisme, nous pourrons ajouter qu'au moins nous ne nous sommes pas trompés.

Références

Pour ne pas alourdir le texte de notes sont rassemblées ici, chapitre par chapitre, les références bibliographiques à destination des lecteurs qui voudraient prolonger ou approfondir.

Journalisme

François Hollande, *Devoirs de vérité,* Stock, 2006.

Albert Londres, *Œuvres complètes,* Arléa, 1992.

La rédaction de Mediapart, *N'oubliez pas !, Faits et gestes de la présidence Sarkozy,* vol. I, Don Quichotte, 2010.

La rédaction de Mediapart, *Finissons-en !, Faits et gestes de la présidence Sarkozy,* vol. II, Don Quichotte, 2012.

Edwy Plenel, *Le Journaliste et le Président,* Stock, 2006.

Edwy Plenel, *Le Président de trop,* Don Quichotte, 2011

Démocratie

Cornelius Castoriadis, *La Montée de l'insignifiance,* Seuil, 1996.

Cornelius Castoriadis, *Une société à la dérive,* Seuil, 2005.

John Dewey, *Une foi commune,* La Découverte, 2011.

Vincent Duclert, *La France, une identité démocratique,* Seuil, 2008.

Olivier Ferrand et Arnaud Montebourg, *Primaire, comment sauver la gauche*, Seuil, 2009.

Victor Hugo, *Le Droit et la loi,* Éditions 10/18, 2002.

Lionel Jospin, *L'Impasse,* Flammarion, 2007.

Pierre Mendès France, *La vérité guidait leurs pas,* Gallimard, 1976.

Alain Minc, *L'Ivresse démocratique,* Gallimard, 1994.

Jeremy Popkin, *La Presse de la Révolution,* Odile Jacob, 2011.

Jacques Rancière, *La Haine de la démocratie,* La Fabrique, 2005.

Rob Riemen, *L'Éternel Retour du fascisme,* NiL, 2011.

Pierre Rosanvallon, *La Démocratie inachevée,* Gallimard, 2000.

Yves Sintomer, *Le Pouvoir au peuple,* La Découverte, 2007.

Alexis de Tocqueville, *De la démocratie en Amérique,* Robert Laffont, 1986.

Publicité

Youri Afanassiev et Marc Ferro (dir.), *Cinquante idées qui ébranlèrent le monde, Dictionnaire de la* glasnost, Payot, 1989.

Vincent Berger, *Jurisprudence de la Cour européenne des droits de l'homme,* Sirey, 2011.

Cour de cassation, *Le Droit de savoir,* rapport annuel 2010, La Documentation française, 2011.

Claude Gubler et Michel Gonod, *Le Grand Secret,* Plon, 1996 ; Éditions du Rocher, 2005.

IFSA/CADA, *Transparence et secret,* La Documentation française, 2004.

Jean-Noël Jeanneney, *Une histoire des médias,* Seuil, 1996.

Secret

Raymond Aron, « Avez-vous lu Veblen ? », préface à Thorstein Veblen, *Théorie de la classe de loisir* [1899], Gallimard, 1970.

Christian Chavagneux et Ronen Palan, *Les Paradis fiscaux,* La Découverte, 2012.

Antoine Peillon, *Ces 600 milliards qui manquent à la France,* Seuil, 2012.

Joseph Pulitzer, *Sur le journalisme,* Circé, 2011.

Jacques de Saint-Victor, *Un pouvoir invisible, Les mafias et la société démocratique,* Gallimard, 2012.

Roberto Saviano, *Le combat continue,* Robert Laffont, 2012.
Roberto Scarpinato, *Le Dernier des juges,* La Contre Allée, 2011.
Roberto Scarpinato, *Le Retour du Prince,* La Contre Allée, 2012.
Nicolas Shaxson, *Les Paradis fiscaux,* André Versaille, 2012.
Michel Volle, *Prédation et prédateurs,* Economica, 2008.

Vérité

Hannah Arendt, *La Crise de la culture,* Gallimard, coll. « Folio Essais », 1972.
Hannah Arendt, *Du mensonge à la violence,* Calmann-Lévy, coll. « Agora », 1972.
Cour de cassation, *La Vérité,* rapport annuel 2004, La Documentation française, 2005.
Chantal Delbo, *Les Belles Lettres,* Minuit, 1961.
Michel Foucault, *Le Courage de la vérité,* Gallimard/ Seuil, coll. « Hautes Études », 2009.
René Frydman et Muriel Flis-Trèves (dir.), *Tout dire ? Transparence ou secret,* PUF, 2012.
Friedrich Nietzsche, *Œuvres,* Robert Laffont, coll. « Bouquins », 2 tomes, 1993.
Robert E. Park, *Le Journaliste et le sociologue*, Seuil, 2008.

Révolution

Dominique Cardon, *La Démocratie Internet,* Seuil, coll. « La République des idées », 2010.

Antonio A. Casilli, *Les Liaisons numériques,* Seuil, coll. « La couleur des idées », 2010.

Jacques Ellul, *La Technique ou l'enjeu du siècle,* Economica, 2008.

Patrick Flichy, *Le Sacre de l'amateur,* Seuil, coll. « La République des idées », 2010.

Édouard Glissant, *Philosophie de la relation,* Gallimard, 2009.

Édouard Glissant, *Traité du Tout-Monde,* Gallimard, 1997.

Edgar Morin, *La Méthode, Éthique* (tome VI), Seuil, 2004.

Jean Schwœbel, *La Presse, le pouvoir et l'argent,* Seuil, coll. « L'histoire immédiate », 1968.

Le grain de sable

Maurice Olender et François Vitrani (dir.), *Jean-Pierre Vernant, Dedans-dehors,* « Le Genre humain », n° 53, Seuil, 2013.

George Orwell, « Préface inédite à *Animal Farm* », dans *Essais,* vol. III, Ivrea/L'Encyclopédie des nuisances, 1998.

Edwy Plenel, *Combat pour une presse libre,* Galaade, 2009.

Jean-Pierre Vernant, *Œuvres,* Seuil, coll. « Opus », 2 tomes, 2007.

Mediapart avant Mediapart

Cahiers Albert Camus, *Camus à* Combat, Gallimard, 2002.

Sommaire

Du même auteur

La République inachevée, Payot, 1985; Biblio, 1999.
La Part d'ombre, Stock, 1992; «Folio Actuel», 1994.
Un temps de chien, Stock, 1994; «Folio Actuel», 1996.
Les Mots volés, Stock, 1997; «Folio Actuel», 1999.
L'Épreuve, Stock, 1999.
Secrets de jeunesse, Stock, 2001; «Folio», 2003.
La Découverte du monde, Stock, 2002; «Folio», 2004.
Le Journaliste et le Président, Stock, 2006.
Procès, Stock, 2006; «Folio», 2007.
Chroniques marranes, Stock, 2007.
Combat pour une presse libre, Galaade, 2009.
Le Président de trop, Don Quichotte, 2011.

Entretiens

L'Affaire Clichy, avec Jean-Pierre Mignard et Emmanuel Tordjman, Stock, 2006.
Devoirs de vérité, avec François Hollande, Stock, 2006.
Le 89 arabe, avec Benjamin Stora, Stock, 2011.
Notre France, avec Farouk Mardam Bey et Elias Sanbar, Sindbad/Actes Sud, 2011.

Réalisation : Cédric Scandella
Impression : Cpi Firmin-Didot
Dépôt légal : Février 2013. N° 109967 (115549)
Imprimé en France